KB060870

SEL
초등
학생용

초등학생을 위한

사회정서학습
프로그램

신현숙 · 김선미 · 류정희 · 박주희 · 배민영 · 이은정 · 강금주 공저

A Social and Emotional Learning Program for Elementary School Students

학지사

교사용 PPT 파일은 학지사 홈페이지(www.hakjisa.co.kr)에서 『초등학생을 위한 사회정서 학습 프로그램』 검색 후 'PPT' 항목에서 차시별로 다운로드 하실 수 있습니다.

머리말

아동에게 읽고 쓰는 기술을 가르치지 않은 채 그 아동이 단번에 읽고 쓸 줄 알기를 기대하는 이는 아마 없을 것이다. 마찬가지로 아동이 다른 사람과 긍정적 관계를 이루고, 상황에 적절한 방식으로 정서를 경험하고 표현하며, 일상생활과 학교에서 발생하는 문제를 현명하게 해결하는 기술을 발휘하길 원한다면, 먼저 그러한 기술을 오랜시간에 걸쳐 체계적으로 가르치고 연습시켜야 할 것이다. 『초등학생을 위한 사회정서학습 프로그램』은 추상적 가치나 윤리적 규범보다는 초등학생들이 공동체 안에서 타인과 더불어 사는 데 필요한 역량과 품성, 정서의 이해와 조절, 자신과 타인의 강점 확인, 도움의 요청과 제안, 합리적 문제해결 같은 구체적이고 실제적인 삶의 기술을 배우고 활용하는 데 중점을 둔다.

이 책은 초등학생의 자기인식, 자기관리, 사회적 인식, 관계기술, 책임 있는 의사결정이라는 다섯 가지 사회정서능력의 개발에 초점을 맞춘 보편적 예방 프로그램이다. 따라서 다수의 학생이 이 프로그램의 대상자로 포함될 수 있고, 초등학교 교사는 장시간의 교원연수를 받지 않고 별도의 도구를 구입하지 않아도 손쉽게 이 프로그램을 시행할 수 있다. 또한 학교의 여건이나 필요에 맞게 이 책에 있는 모든 차시를 실시할 수도 있고 일부 차시를 선별하여 실시할 수도 있으며, 전교생을 대상으로 실시할 수도 있고 특정 학년만을 대상으로 실시할 수도 있다. 예를 들면, 전교생 또는 특정 학년 대상의 학교생활 적응, 인성교육, 행복 증진, 학교폭력 예방 등을 위한 다년, 일 년 또는 한 학기 프로그램으로 이 책을 활용할 수도 있고, 특정 교과수업 시간이나 창의적 체험 활동 시간에 이 책의 일부 차시만을 선택해 실시할 수도 있다.

이 책은 총 2부로 구성되어 있다. 제1부는 프로그램 개요로, 사회정서학습의 목표와 실시방법 및 효과, 이 프로그램의 설계 절차와 구성 및 특징을 소개한다. 제2부는 사회정서학습을 학급 단위로 실시할 수 있는 교수학습지도안을 제시한다. 1~2학년용에는 11차시의 지도안, 3~4학년용에는 13차시의 지도안, 5~6학년용에는 13차시의 지도안이 마련되어 있다. 차시별로 30~40분 동안 도입, 전개, 정리의 단계를 거치면 차시별 학습목표에 도달할 수 있다. 차시마다 학생들은 자기인식, 자기관리, 사회적 인식, 관계기술, 책임 있는 의사결정 중에서 1~3개 영역의 사회정서기술을 배우고 연습한다. 이 책에서는 학생들이 안정된 마음상태에서 수업에 참여할 수 있도록 교사가 간단한 마음챙김 활동과 동기유발 활동을 안내하는 데 필요한 자료를 예시하였고, 그 밖에 수업에 필요한 자료, 학생용 학습지, 교사용 PPT 등도 예시하였다. 수업자료로 예시된 사례나 이야기는 학생들의 삶과 관련되고 구체적 조작기에 적합하도록 구성되어 있으므로 학생들이 어려움이나 거부감 없이 프로그램에 참여할 수 있을 것이다.

이 책의 저자들은 모두 대학원에서 학교심리학을 전공한 초등학교 교사와 대학교수이다. 학령기 아동·청소년의 학교적응과 정신건강을 증진시키는 데 미력이나마 기여하고자 『초등학생을 위한 사회정서학습 프로그램』을 세상에 내놓게 되었다. 이보다 앞서 『중학생을 위한 사회정서학습 프로그램』을 출간하였고, 그 이후 약 3년 동안 여러 번의 집필진 전체 회의와 주제별 논의, 관련 주제에 대한 문헌조사, 예비 시행과 효과성 검증 등을 거치면서 이 프로그램을 준비하였다. 초등학교 교사의 소명의식과 과중한 업무를 염두에 두면서 이 프로그램을 개발하였으나 부족하거나 잘못된 점이 남아 있을 것이다. 이런 점을 알려 주시면, 프로그램을 개정할 기회가 주어질 때 참고할 것을 약속드린다.

끝으로, 이 책의 출판을 허락하고 물심양면으로 지원해 주신 학지사 김진환 사장님과 예쁘게 이 책을 만들어 주신 편집부 김서영 선생님께 심심한 감사를 드린다.

2019년 3월
전남대학교 학교심리학 연구실에서
저자 일동

차례

제**1**부

프로그램 개요

1) 사회정서학습의 정의

1994년, 미국의 비영리단체 Fetzer Institute 회의에 정서지능, 아동·청소년의 긍정적 발달, 예방교육, 긍정심리학, 적응유연성[1] 등에 관심을 둔 연구자, 교육자, 아동권익옹호자 등이 모였다. 이들은 자신들이 하는 일이 무엇인지를 한마디로 분명하게 나타내지 못한 채 이미 오랫동안 각자 자신의 전문 분야에서 아동·청소년들의 사회정서적 적응과 발달을 돕기 위한 노력을 기울이고 있었다. 한자리에 모인 이들은 자신들의 공통 관심사를 집약적으로 표현하기 위해 사회정서학습(social and emotional learning: SEL)이라는 용어를 채택하였다.

그러므로 사회정서학습은 이전에 시도된 적이 없는 전혀 새로운 교육방법도 아니고 이전의 교육방법에 대한 완전한 대체도 아니다. 사회정서학습은 학교교육이 학생의 사회정서능력 증진, 정신건강 및 행동문제의 예방, 안전한 학교풍토의 조성이라는 목표를 달성하기 위하여 학교에서 하고 있는 다양한 교육적 시도들을 조율하여 효과적으로 실행하는 방법과 절차를 말한다(신현숙 외, 2015; Elias, 2009; Greenberg et al., 2003). 만일 학생들의 사회정서능력 발달을 위한 지원과 학업성취를 위한 교육적 지원이 학교교육에서 중요하게 다루어지도록 학교시스템을 운영하고 있다면, 그 학교는 이미 사회정서학습을 실행하고 있는 셈이다. 이러한 학교에서 학생들은 교과수업과 비교과활동을 포함한 학교생활 전반에서 사회정서기술을 배우고 실천하며 사회정서기술의 사용을 인정받는 경험을 한다.

미국, 영국, 핀란드, 싱가포르, 호주 등 많은 나라에서 사회정서학습을 중점적으로 실시하고 있다. 미국에 있는 '학업 및 사회정서학습 협회(Collaborative for Academic, Social, and Emotional Learning: CASEL)'는 미국과 전 세계 여러 나라에서 사회정서학습의 효과적 시행

---

1) 적응유연성은 resilience의 번역어로 탄력성, 회복탄력성, 회복력이라고도 한다. 여기에서 말하는 적응유연성은 역경을 극복하여 적응상태로 회복하는 과정 또는 적응상태로의 회복을 가능하게 만드는 메커니즘을 의미한다. 외부 스트레스나 내부 긴장에 유연하게 효과적으로 대처하는 능력 또는 성격 특성을 의미하는 자아탄력성(ego resiliency)과 구별된다.

을 위한 자문을 제공하고 있다(염철현, 2012). CASEL(2017b)이 제시한 정의를 살펴보면 다음과 같다.

> 사회정서학습은 정서를 이해하고 관리하며, 긍정적 목표를 설정하고 달성하며, 타인을 배려하고 긍정적 인간관계를 형성 및 유지하며, 현명한 판단을 하고 책임 있는 결정을 내리는 데 필요한 지식, 태도, 기술을 습득하고 효과적으로 활용하는 과정이다.

2) 사회정서학습의 목표

사회정서학습은 모든 학생들의 사회정서능력을 향상시키고, 문제행동을 예방하며 정신건강을 증진시키고, 안전하고 배려하는 긍정적 학교환경을 조성하는 데 목표를 둔다(CASEL, 2013; Merrell & Gueldner, 2011).

(1) 사회정서능력의 향상
사회정서학습의 일차적 목표는 학생들의 사회정서능력을 증진시키는 데 있는데, [그림 1]에서 볼 수 있듯이 크게 다섯 가지로 구성된다(CASEL, 2017a; Zins, Bloodworth, Weissberg, & Walberg, 2004). '나−너' 차원과 '인식−관리' 차원을 교차하여 네 가지 사회정서능력을 구성할 수 있고, 네 가지 사회정서능력을 활용하여 자신과 타인 모두의 건강과 안전에 도움이

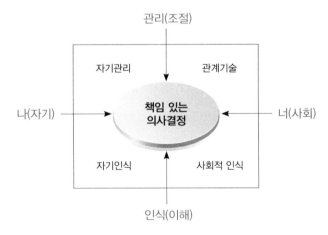

▎그림 1. 다섯 가지 사회정서능력 ▎

되는 결정을 내리는 능력을 포함하면, 사회정서능력은 모두 다섯 가지이다.

① 자기인식(self-awareness)은 자신이 느끼고 경험하는 정서, 생각, 행동을 알아차리고, 자신의 생각이 자신의 정서에 어떤 영향을 주는지 그리고 자신의 정서와 생각이 자신의 행동에 어떤 영향을 미치는지를 이해하는 능력을 의미한다.

세부적으로는 자신의 흥미, 포부, 진로목표, 가치, 장단점을 잘 알고, 자신이 스트레스를 받는 이유를 파악하며, 자기존중감을 안정적으로 유지하고, 자신의 정신적·신체적·정서적 욕구를 파악하는 능력이 자기인식에 포함된다.

② 자기관리(self-management)는 다양한 상황 안에서 경험하는 자신의 정서, 생각, 행동을 조절하는 능력을 말한다.

세부적으로는 상황에 맞게 정서를 경험하고 표현하며, 충동을 조절하고, 스트레스에 대처하며, 일상생활·학업·진로에 관한 목표를 설정하고 목표달성을 계획하며 목표달성의 과정을 점검하는 능력이 자기관리에 해당된다.

③ 사회적 인식(social awareness)은 타인이 처한 상황, 타인의 입장, 기분, 생각을 파악하고 공감하며, 사회적 규범과 올바른 행동이 무엇인지를 아는 능력을 말한다.

세부적으로는 언어, 신체, 상황을 단서로 상대방의 기분 상태를 알아차리고, 타인의 입장과 처지를 이해하며, 개인 및 집단 간 차이와 유사점을 파악하고, 가족, 학교, 지역사회 등 주변으로부터 얻을 수 있는 자원과 지지를 평가하는 능력을 사회적 인식이라고 한다.

④ 관계기술(relationship skills)은 타인과 의사소통하고 긍정적인 관계를 맺고 유지하며 필요한 도움을 주고받는 능력을 말한다.

세부적으로는 타인과 협력적으로 활동하고, 상대방의 말을 경청하고, 상대방의 기분을 해치지 않는 방식으로 자신의 주장을 말하고, 부적절한 사회적 압력에 저항하며, 건설적으로 협상하고, 대인 간 갈등을 해결하며, 필요한 도움을 주고받고, 잘못을 저질렀을 때 사과하며 용서하는 기술이 관계기술에 포함된다.

⑤ 책임 있는 의사결정(responsible decision-making)은 자신과 타인의 안전과 건강에 도움

이 되는 현명한 선택을 하고 사회적 규범과 윤리적 규범에 어긋나지 않는 합리적인 방식으로 일상생활의 문제를 해결하는 능력이다.

세부적으로는 자신이 내린 결정과 선택이 어떤 결과를 초래할지를 예측하여 문제를 해결하는 전략들을 생각해 내고 비교하며 평가하는 기술이 책임 있는 의사결정에 해당된다.

(2) 문제행동의 예방과 정신건강의 증진

사회정서학습은 문제행동의 발생을 예방하거나 이미 발생한 문제행동을 감소시키는 데 목표를 둔다. 좀 더 적극적으로는 문제 발생 이전에 아동·청소년의 정신건강을 증진시키기 위해 사회정서학습을 실행한다.

예방은 대상자와 실시방법에 따라 1차예방, 2차예방, 3차예방으로 구분된다(Cowen et al., 1996). 1차예방은 현재 중대한 문제를 겪고 있지 않는 학생들을 대상으로 시행되는 보편적 예방(universal prevention)이라고 한다. 2차예방은 이제 막 정신건강문제, 행동문제 또는 학업문제를 보이기 시작하거나 문제를 발생시킬 위험요인을 안고 있는 위험군을 대상으로 시행되는 선택적 예방(selective prevention)이라고 한다. 3차예방은 이미 중대한 문제를 겪고 있어서 특별한 처치가 필요한 소수의 학생들을 대상으로 시행되는 지시적 예방(indicated prevention)이라고 한다. 사회정서학습 역시 예방의 단계별로 실시될 수 있는데(McNamara, 2002), 학교에서는 다수의 학생들에게 보편적으로 사회정서학습을 실시하는 경우가 많고 이는 1차예방에 해당된다.

『초등학생을 위한 사회정서학습 프로그램』도 우선 1차예방(보편적 예방)의 방법으로 사용할 것을 권장한다. 또한 또래관계 문제나 교사와의 갈등을 겪고 있거나 분노조절 실패의 증상을 보이는 학생들 또는 이러한 문제가 발생할 만한 위험에 놓인 학생들에게 2차예방의 방법으로 이 프로그램을 실시할 수는 있지만, 이 경우에는 학생의 문제를 집중적으로 다루는 개입과 병행하여 실시해야 할 것이다(Merrell & Gueldner, 2011).

(3) 안전하고 긍정적이며 효과적인 학교환경의 조성

사회정서학습은 안전하고 긍정적이며 효과적인 학교환경을 조성하는 데 도움이 된다(Merrell & Gueldner, 2011). 따뜻한 배려의 학교공동체 안에서 학생들은 괴롭힘을 당하는 친구를 도와주고 남과 다른 내 의견을 말하는 것이 두렵지 않음을 경험하게 된다. 학생들은 교과수업과 비교과활동 등 학교생활에 더 많은 관심을 가지고 적극적으로 참여하며, 자신의 솔직한 감정을 불필요하게 억제하지 않고 안전하게 감정을 표현하며, 그에 대한 공감을 받는다. 이러한 학교에서는 교사가 솔선수범하여 사회정서기술을 사용한다. 단호하지만 비폭력적인 대화를 사용하는 교사는 솔직한 심정을 표현하고 공감하며 듣는 자세를 통해 모델링 효과를 얻을 수도 있다. 학교 곳곳에는 학생들이 배운 사회정서기술을 떠올리게 하는 게시물이 있고, 교사는 학생들이 사회정서기술을 사용할 때 이를 놓치지 않고 알아차리고 격려한다. 만일 문제상황이 발생할 것 같은 경우라면, 교사는 질문과 대화를 통해 학생들이 문제행동에 관한 규칙과 사회정서기술을 상기하여 문제상황과 해결방안에 대해 통찰하도록 돕는다.

무엇보다 중요한 점은 이러한 시도가 한두 번의 구호로 그치지 않는 점이다. 작은 시도라도 꾸준히 사회정서학습을 실행하는 학교에서는 사회정서학습의 필요성에 대한 인식이 증가하고, 학교에 적합한 사회정서학습의 방법들을 탐구하고 선정하며 실행해 보고 개선하는 과정이 지속된다(신현숙, 2011). 결과적으로 이런 학교는 사회정서학습의 지속가능성을 높이는 역량을 스스로 갖추게 된다.

3) 사회정서학습의 실시 방법

사회정서학습은 학교 교육과정의 덤이나 액세서리가 아니라 학교교육의 핵심을 이룬다(Elias, 2009). 교과수업과 비교과활동을 포함한 모든 학교일과가 학교의 주요 미션과 목표 아래 조화를 이루어 실시된다. 교과수업을 포함한 학교생활에서 사회정서학습을 실행하는 구체적인 활동 계획이 있어서 단회성 행사로 그치지 않는다. 사회정서학습을 실천하는 데는 다양한 방법이 적용될 수 있는데, 다음과 같이 크게 네 가지로 범주화된다.

첫째, 사회정서지식과 사회정서기술의 습득과 연습을 집중적으로 훈련하는 활동들로 이루어진 구조화된 프로그램을 실시한다. 교과수업 이외의 정해진 시간, 예를 들면 창의적 체험활동 시간에 『초등학생을 위한 사회정서학습 프로그램』을 실시할 수 있다.

둘째, 국어, 산수, 사회, 과학, 음악, 체육 등 교과목 시간에 교과수업과 더불어 사회정서지식과 사회정서기술의 훈련을 병행한다(Ee, 2009; Merrell & Gueldner, 2011). 예를 들면, 초등학교 사회 교과의 한 차시 수업목표가 지구온난화로 인한 변화에 대해 공부하는 것이라고 하자. 수업시간에 학생들은 지구온난화의 원인과 결과에 대한 지식을 얻는 것에서 더 나아가 자신의 행동이 지구온난화에 미치는 영향에 대해 생각해 보고 지구 온난화로 삶의

터전을 잃은 사람들의 마음을 헤아려 보는 활동을 할 수 있다(신현숙, 2013). 이는 2015 개정 교육과정에서 6가지 미래 핵심 역량(자기관리 역량, 지식정보 처리 역량, 창의적 사고 역량, 심미적 감성 역량, 의사소통 역량, 공동체 역량)의 함양을 위해 교육과정을 재구성한 학생 참여 중심의 활발한 수업을 강조하는 것과 일맥상통한다.

셋째, 사회정서학습에서는 교사와 학생들이 서로 경청하고 배려하며 자연스럽게 상호작용하는 수업전략을 사용한다. 2인 1조 학습, 협동학습, 역할놀이, 토론, 프로젝트 수업, 게임, 예술 표현 활동은 사람들이 생각, 행동, 감정 등에서 서로 어떻게 다르고 비슷한지를 체험하고 갈등을 경험하게 하며, 갈등의 원인을 파악하여 해결하는 방법을 활용하게 한다(CASEL, 2015b; Johnson & Johnson, 2004). 이렇게 학생과 교사 그리고 학생과 학생이 상호작용하는 활동을 통해 자연스럽게 사회정서기술을 배우고 연습하며 사회정서기술의 사용에 대한 피드백을 주고받는다.

넷째, 일단 습득한 사회정서기술은 여러 장면에서 자주 사용하고 연습할 필요가 있는데, 학교환경이 안전할수록 사회정서기술의 사용이 활발해진다(CASEL, 2015b). 안전하고 배려하는 학교풍토를 조성하기 위한 몇 가지 방법을 예시하면 다음과 같다(Zins et al., 2004).

- 학교가 학업성취만큼 사회정서능력의 발달과 사회정서적 적응을 중요시한다는 메시지를 모든 학교구성원과 가족이 공유한다.
- 학교 및 학급 안에서 지켜야 할 규칙을 학생들이 자율적으로 협의하고 교사와 상의하면서 결정한다. 결정된 행동규칙을 모든 교직원에게 공지하여, 행동규칙의 준수와 위반의 결과에 대해 학생과 교직원이 모두 수용할 수 있어야 한다. 또한 행동규칙을 학교 곳곳에 게시하여 규칙이 공정하고 일관성 있게 적용되도록 한다.
- 학생들이 사회정서기술을 사용할 때, 교사와 부모는 이를 놓치지 않고 인정하고 격려해 준다.
- 학급의 물리적 환경이 학생과 교사가 또는 학생들이 상호작용하기에 적합하도록 배치한다.
- 자신의 느낌을 솔직하게 말하고 공감하며 듣는 대화법을 배우고 실천한다.
- 학부모 알림장이나 학교 홈페이지를 통해 학생들의 사회정서능력을 향상시키기 위해 학교가 하고 있는 일을 가정에 알리고, 가정에서 가족이 사회정서기술을 사용하고 학생의 사회정서기술 사용을 격려하는 방법을 안내한다.

4) 사회정서학습 프로그램의 효과

사회정서학습 프로그램을 학급단위로 실시하고 그 효과를 검증한 선행연구에서, 학생들의 정서인식, 정서조절, 관계기술, 공감, 문제해결, 협동적 갈등해결과 같은 사회정서기술의 수준이 향상되었다(신현숙, 2013; Harlacher & Merrell, 2010). 대규모 연구를 통해서도 사회정서학습 프로그램을 실시한 학교에서 사회성, 행동, 학업의 모든 영역에서 긍정적 변화가 확인되었다(CASEL, 2015c; Durlak et al., 2011; Zins et al., 2004).

● 사회성, 정서, 동기 영역:
  긍정적 또래관계; 사회적 위축, 우울, 불안 감소; 학교와 공부에 대한 긍정적 태도;
  학업에 대한 관심 증가; 학습태도 개선; 학업 스트레스 감소
● 행동 영역:
  친사회적 행동, 출석, 교과수업 참여, 학교활동 참여 증가; 공격적 행동, 비행 감소
● 학업 영역:
  교과별 학업성적, 표준화 학업성취도 검사 점수 상승; 문제해결력 향상; 추론전략 활용

사회성, 정서, 동기 영역	행동 영역	학업 영역
• 긍정적 또래관계 • 학교와 공부에 대한 긍정적 태도 • 학업에 대한 관심 • 학습태도 개선	• 친사회적 행동 • 출석 • 교과수업 참여 • 학교활동 참여	• 교과별 학업성적 • 표준화 학업성취도 검사 점수 • 문제해결력 • 추론전략 활용
• 사회적 위축, 우울, 불안 • 학업 스트레스	• 공격적 행동 • 비행	

1) 프로그램 개발의 필요성

최근, 실천과 체험 중심의 인성교육에 대한 요구가 증가함에 따라 주목받고 있는 교육방안 중 하나는 사회정서학습이다. 사회정서학습은 인성교육을 위해(도승이, 2015), 학교폭력 등 문제행동의 예방을 위해(손경원, 이인재, 2009), 옳은 것이 무엇인지 알고 스스로 옳은 행동을 하도록 돕기 위해(Bear, 2012) 필요하다.

학교에서 아동들에게 읽기, 쓰기, 산수를 가르치지 않은 채 아동들이 읽기, 쓰기, 셈하기를 할 수 있을 것이라고 기대하지는 않는다. 마찬가지로 사회정서기술을 가르치지 않은 채 아동들이 자신과 타인의 생각, 감정, 행동을 이해하고 자신의 생각, 감정, 행동을 관리하며 긍정적 인간관계를 유지하고 현명한 판단을 내려서 일상생활의 문제를 잘 해결할 것으로 기대하기는 어렵다. 사회성, 정서능력, 품행, 인성이 가정교육을 통해서만 길러지는 것도 아니다.

형식적 교육이 시작되는 중요한 시기에 있는 초등학생들이 사회성, 정서능력, 행동, 인성의 측면에서 올바르게 성장하는 데 일조하기 위하여 초등학교 교사들이 실행할 수 있는 사회정서학습 프로그램을 개발하였다. 이 프로그램은 초등학교 교사들이 교과수업과 생활지도 및 학급관리 등 많은 업무를 수행하면서도 아동의 사회정서능력 발달이라는 중대한 목표의 달성을 위해 손쉽게 활용할 수 있는 형태로 짜여져 있다.

2) 목표

이 프로그램의 주요 목표는 초등학교에서 학급단위로 실시하여 학생들의 다섯 가지 사회정서능력(자기인식, 자기관리, 사회적 인식, 관계기술, 책임 있는 의사결정)을 향상시키는 것이다.

3) 이론적 배경

사회성 발달 이론, 정서 발달 이론, 정서지능 이론, 긍정심리학, 사회인지 이론, 사회학습

이론, 인지행동상담 이론, 아동-중심 교육철학, 사회적 구성주의 이론을 토대로 프로그램을 설계하였다.

첫째, 사회성 발달 이론을 토대로 사회적 능력 증진 훈련의 활동들을 고안하였다.

사회성, 사회적 기술 또는 사회적 능력은 다른 사람과 긍정적인 관계를 형성하고 유지하는 데 도움이 되는 언어적 및 비언어적 행동 중에서 사회적 환경에 적합한 행동을 선택하여 구사하는 능력을 말한다(Bedell & Lennox, 1997). 협력하기, 자기주장하기, 책임감을 가지고 행동하기, 도움을 주고받기, 공감하기, 경청하고 반응 보이기, 부탁하고 거절하기 등이 사회적 능력을 구성하는 실제적 행동들이다(Gresham & Elliot, 1990).

초등학교 시기에는 또래집단의 영향력이 커지고 언어적 의사소통 기술이 향상되며 구체적 조작 사고가 가능해지므로 사회적 유능성을 발달시키기에 적합하다. 또한 타인의 마음이나 의도를 추론하고 해석하는 사회인지능력이 발달하기 시작한다(Eisenberg & Fabes, 1991). 3~4학년이 되면 친밀한 우정이 생기는 동시에 또래 동조의 압력도 커진다. 그 이후에는 사춘기를 앞두고 이성친구와의 관계에 대한 관심이 생기게 된다. 이처럼 초등학교 시기 동안에 여러 발달적 특징이 혼재하므로 학년대별로 강조점을 달리하여 프로그램 차시를 구성하였다.

둘째, 정서지능 이론과 정서능력의 발달에 관한 이론을 토대로 사회정서학습 프로그램을 개발하였다.

정서지능 이론에서는 정서를 주관적 기분의 경험에 국한하지 않고 일종의 능력으로 간주하며 정서와 사고의 관련성 그리고 정서와 행동의 관련성을 가정한다. 1990년에 J. Mayer와 P. Salovey가 처음 정서지능이라는 용어를 제안하였고, 1995년에 D. Goleman이 발표한 저서 『정서지능(Emotional Intelligence)』을 통해 정서지능과 EQ 개념이 전 세계적으로 널리 알려졌다. Mayer와 Salovey(1997)의 능력모델에서 정서지능은 〈표 1〉과 같이 네 가지 범주로 이루어진다.

[표 1. 정서지능의 네 가지 범주]

정서의 지각과 표현	자신이 경험하는 정서와 타인이 경험 또는 표현하는 정서를 확인하고, 그림이나 글에 표현된 정서를 감지하며, 적절한 정서와 부적절한 정서를 구분하며, 정서 및 그 정서와 관련된 욕구를 정확하게 표현하는 능력
정서를 통한 사고 촉진	대상 또는 사건과 관련하여 유발된 정서상태에 따라 중요한 정보에 우선 집중하고, 정서상태에 따라 관점의 차이가 있음을 이해하고, 문제해결에 적절한 정서를 생성·활용하는 능력
정서의 이해와 분석	다양한 정서를 명명하고 정서의 강도에 따라 다른 명칭을 이해하며, 정서의 원인과 결과를 해석하며, 혼합 정서와 모순된 정서를 이해하며, 인간관계에서 정서가 어떻게 바뀌는지를 이해하고 예측하는 능력
정서의 조절	긍정적 정서와 부정적 정서를 포함한 모든 정서를 개방적으로 수용하고, 정서를 억압하거나 과장하지 않는 방식으로 상황에 적절하게 표현하며, 자신의 정서가 타인에게 미치는 영향을 평가하고, 사회문화적으로 수용 가능한 방식으로 긍정적 정서를 강화하고 부정적 정서를 완화시키는 능력

출처: 정옥분, 정순화, 임정하(2008); Mayer & Salovey (1997).

『초등학생을 위한 사회정서학습 프로그램』에서는 정서지능을 발달시키고 활용하는 활동들을 안내한다. 정서지능의 발달적 특징을 고려하여 1~2학년용, 3~4학년용, 5~6학년용 사회정서학습 차시에 정서표현, 정서이해, 정서조절의 활동을 모두 포함시키되 학습 내용의 난이도와 학습 활동의 복잡성을 학년대별로 차별화하였다. 즉, 학년이 올라갈수록 내용과 활동이 점점 심화된다. 예를 들면, 정서를 통한 사고 촉진이 정서의 이해와 표현 및 조절처럼 아동기에 발달하지만, 난이도를 감안하여 정서와 생각의 관계를 이해하는 활동과 생각을 바꿔 정서를 바꾸는 활동은 저학년용 프로그램에서 배제되었다.

셋째, 인간의 긍정적 경험과 상태, 인성 강점, 긍정적 제도 및 집단에 대해 과학적으로 탐구하는 긍정심리학(positive psychology)은 사회정서능력의 증진을 목표로 하는 사회정서학습과 맥을 같이한다.

긍정심리학에서는 긍정적 정서 경험을 이해하고 효과적으로 활용하는 방법, 인성 강점을 발견하고 활용하는 방법, 아동·청소년의 긍정적 발달에 대한 이해, 고난과 역경을 겪었을지라도 이전의 적응수준을 회복하는 적응유연성에 대한 연구, 학교, 가정, 사회 각지에서 인간의 최고 상태를 탐구하고 안녕을 증진시키는 방법에 대해 연구한다(Seligman &

Csikszentmihalyi, 2000). 『초등학생을 위한 사회정서학습 프로그램』에서도 초등학생이 어떻게 자신의 강점을 발견하고 긍정적 정서를 경험하도록 도울 것인가에 주력한다.

넷째, 사회정서학습은 사회인지 이론에 근거한다.

사회인지(social cognition)란 타인의 생각, 정서, 의도, 행동을 추론하는 능력을 뜻하는데 원만한 대인관계를 이루고 유지하는 데 매우 중요하다. 사회인지의 중요한 요소 중 하나는 조망수용(perspective taking)이다. 조망수용이란 타인의 관점에서 세상을 보는 자세 또는 능력을 말한다. 조망수용을 할 수 있는 사람은 상대방의 입장에 서서 상대방이 처한 상황과 경험하는 감정을 이해할 수 있고, 똑같은 사건에 대해서도 사람마다 다르게 생각하고 느낄 수 있음을 알아차리며, 어느 한 사람의 생각이나 느낌이 절대적으로 옳거나 그른 것이 아니라는 점을 받아들인다(Selman, 1980). 이러한 조망수용 능력의 발달은 다양한 심리상태에 있는 사람들과 원만하게 상호작용하고 오해 없는 인간관계를 맺기 위한 필수조건이다. 『초등학생을 위한 사회정서학습 프로그램』에도 대화 상대의 마음을 이해하는 활동이 포함되어 있다.

교사는 학급에서 교과수업을 하거나 사회정서학습을 실시할 때 학생들에게 일상적인 생활사건을 제시하고 이에 대한 다양한 의견을 발표하게 하거나 서로 다른 처지에 있는 사람들의 생각과 감정 및 동기에 대해 추측하게 할 수 있다. 일상적인 생활사건에 대한 의견의 교환과 경청, 또래의 발표에 대한 의견의 추가 및 피드백 제공, 타인의 감정을 표현하는 단어의 선택은 사회정서학습에서 자주 활용하는 방법이다.

다섯째, 사회정서학습은 Bandura(1977)의 사회학습 이론에 근거한다.

사람은 직접 행동을 해 보거나 직접 보상 또는 벌을 받지 않아도 어떤 행동을 배울 수 있다. 다양한 사회적 관계 안에서 타인의 행동을 관찰하거나 어떤 행동의 결과로 타인이 보상 또는 벌을 받는 것을 관찰할 때 관찰학습이 일어난다. 모델링 효과는 모델의 외모, 연령, 능력, 성별, 지위, 전문성, 직업 등과 관련되는데, 사람들은 대체로 자신과 비슷한 연령, 성별 또는 배경의 타인, 어떤 분야의 전문가, 존경하는 인물의 언행을 모델링하는 경향이 강하다. 특히, 아동·청소년기에는 또래 모델의 영향이 크므로(Schunk, 1987), 사회정서학습 프로그램에서는 또래들로 구성된 역할연습이나 모둠활동을 많이 활용한다(신현숙 외, 2015).

관찰학습은 〈모델의 시범〉 → 〈주의〉 → 〈파지(기억)〉 → 〈실행〉 → 〈동기화〉 단계를 거쳐 일어난다. 이 프로그램에서는 학생들이 주의를 기울일 수 있는 모델을 선택하고, 모델의 행동을 파지(기억)하기에 좋은 언어적 부호나 시각적 이미지로 표현해 주며, 사회정서기술을 정신적으로 연습하고 기억한 행동을 정확하게 수행할 기회를 제공하고, 학생의 수행에 대한 피드백과 보상을 제공하여 동기유발을 하였다.

여섯째, 이 프로그램의 일부 활동은 인지행동상담 이론의 기본 원리를 토대로 고안되었다.

인지행동상담 이론에 의하면, 왜곡된 생각이 고통스러운 정서 경험과 부적절한 행동을 일으키고 지속시키는 근원이다. 그러므로 고통스러운 정서 경험과 부적절한 행동을 줄이려면 왜곡된 생각을 찾아내 변화시켜야 한다(Beck, 1976). 따라서 인지행동상담의 기법 중 인지적 재구성, 대처기술 훈련, 연습과 피드백을 사회정서학습 활동으로 구성하였다. 아동의 발달수준을 감안하여 인지적 재구성 활동은 3~4학년용과 5~6학년용 프로그램에 포함되었고, 스트레스 상황에 대처하는 기술의 훈련은 모든 학년에 포함되지만 진학과 학업 관련 스트레스에 대처하는 활동은 5~6학년용 프로그램에만 포함되었다. 그러나 연습과 피드백 활동은 모든 학년에서 이루어졌다.

일곱째, 사회정서학습은 학생-중심의 교육철학에 근거한다(McCombs, 2004).

사회정서학습에서는 교사가 일방적으로 옳고 그름을 결정해 주거나 규칙준수에 대해 상을 주고 규칙위반에 대해 벌을 주는 교사-중심의 교육방법을 지양한다. 그 대신, 학생 스스로 옳고 그름에 대해 생각해 보고 탐구하며 자율적 협의를 통해 규칙을 결정하는 활동을 강조한다(Bear, 2012; Merrell & Gueldner, 2011).

여덟째, 사회정서학습은 비고츠키의 사회적 구성주의 이론을 토대로 발전하였다.

사회적 구성주의 이론에 의하면, 지식은 공동체 안에서 언어적 교류와 사회적 상호작용을 통해 구성된다(Vygotsky, 1978). 특히, 교사 또는 유능한 또래와의 상호작용을 통해 다양한 관점을 경험해 보는 것은 발달과 적응에 중요하다. 다양한 관점을 접하면서 인지적 갈등을 겪게 되고, 인지적 갈등은 세상에 대한 자신의 이해를 재평가하고 새로운 이해를 얻는 기회가 된다. 따라서 사회정서학습에서는 다양한 의견과 관점, 지식, 경험을 가진 또래들이 자유롭게 상호작용하는 협동학습의 방법을 적극적으로 활용한다.

4) 개발과정

2015년 9월부터 2018년 10월까지 약 3년 동안 문헌조사, 요구분석, 예비 프로그램 고안과 시험적 시행 및 효과성 검증, 프로그램의 수정 및 보완 과정을 거쳤다.

(1) 내용과 활동요소의 추출

하향식 접근(top-down approach)과 상향식 접근(bottom-up approach)을 병행하여 프로그램을 구성할 학습 내용과 활동을 추출하였다.

① 하향식 접근

앞에서 기술한 사회정서학습의 토대가 되는 이론들과 다음에 제시된 사회정서기술 및 능력 증진을 목표로 개발된 기존의 아동용 프로그램을 검토하였다.

- Merrell's Strong Start−Grades K−2: A Social & Emotional Learning Curriculum(2판, Whitcomb & Parisi Damico, 2016)
- Merrell's Strong Kids−Grades 3−5: A Social & Emotional Learning Curriculum(2판, Carrizales-Engelmann et al., 2016)
- 생각하기 느끼기 행동하기: 초등학생을 위한 사고 및 정서교육과정(Vernon, 2010)
- 초등학교 1~3학년용 바로 사용할 수 있는 사회적 기술 향상 프로그램(Begun, 2007)
- 초등학교 4~6학년용 바로 사용할 수 있는 사회적 기술 향상 프로그램(Begun, 2006)
- 초등학생을 위한 사회성 향상 프로그램: 친구야 놀자(노경란 외, 2014a)
- 초등학생을 위한 정서발달 향상 프로그램: 내 마음을 알아봐(노경란 외, 2014b)

② 상향식 접근

우리나라 초등학생에게 필요한 사회정서능력 또는 사회정서기술에 대한 초등학교 교사들의 의견을 참고하였다.

① 초등학교 교사 대상 자유기술 조사

평균 교직경력 7년 9개월(3년 11개월~13년 11개월)의 초등학교 교사 15명이 각자 담임을 맡은 학년 학생들에게 필요하다고 여겨지는 사회정서기술 또는 사회정서능력을 지필식 조사지에 자유응답 방식으로 기술하였다. 특수교사의 응답을 제외하고, 조사 대상 교사들의 응답 내용을 1~6학년 공통 기술과 학년대별 기술로 구분하여 정리하였다(〈부록 1-1〉 참조). 이 결과를 다음에 제시된 초등학교 교사 대상 선행연구(장진희, 2013)의 결과와 함께 종합적으로 고려하여 프로그램 차시별 구성 요소를 결정하였다.

② 초등학교 교사 대상 델파이 조사와 설문 조사 결과 참고

장진희(2013)가 문헌조사, 초등학교 교사 대상의 델파이 조사와 설문 조사를 실시하여 작성한 학년별 사회적 기술 목록을 검토하였다. 사회적 기술은 "의사소통하고, 배우고, 질문하고, 도움을 구하고, 적절한 방식으로 필요한 것을 얻고, 다른 사람과 어울리고, 친구를 만들고 건강한 관계를 만들고, 스스로를 보호하고, 삶의 여정에서 만나는 모든 사람과 상호작용이 가능하도록 하는 능력"으로 정의되었다(장진희, 2013, p. 4).

먼저, 사회적 기술에 관한 연구를 수행하거나 초등학생용 사회적 기술 프로그램을 개발한 학자들이 제시한 사회정서기술과 미국의 사회적 기술 교육과정 내용을 종합적으로 검토하는 방식으로 문헌조사를 하였다. 문헌조사의 결과는 초등학생에게 필요한 사회적 기술 요소 목록으로 정리되었다.

델파이 조사는 아동의 사회적 기술에 관한 연구 경험이 있는 전문가 11명에게 실시되었다. 델파이 조사 결과, 초등학생에게 필요한 사회적 기술 6영역(자아인식 및 조절, 타인인식, 관계관리, 학업수행, 문제해결, 상황적 행동)이 선정되었다.

다음, 델파이 조사를 통해 표집된 사회적 기술이 초등학생에게 필요한 정도를 교사가 5점 척도에서 평정하는 방식의 설문 조사를 실시하였다. 설문 조사의 대상은 초등학교 교사 466명(남자 교사 77명, 여자 교사 389명)이었다. 모든 학년에 공통된 사회적 기술은 8개 범주(자신의 정서 이해하기; 공격성, 자기 파괴적이고 반사회적인 행동 조절하기; 긍정적 자아태도 갖기; 책임감 있게 행동하기, 규칙 지키기; 다른 사람 존중하기, 타인에 대한 긍정적 태도 갖기, 경청하기; 협동하기; 사과하기; 문제상황에 대처하기)로 구분되었다(장진희, 2013).

프로그램 개발진은 각각의 사회적 기술 점수가 학년별 평균 이상인 사회적 기술들과 학년 특유의 사회적 기술들을 선정하여 사회적 기술 목록을 작성하였다.

③ 2차 하향식 접근

추출된 사회정서기술들을 사회정서능력 5영역(자기인식, 자기관리, 사회적 인식, 관계기술, 책임 있는 의사결정)과 대조하였다. 가능하면 사회정서능력 5영역에 해당하는 사회정서기술들이 학년대별로 골고루 배치되도록 하였다.

(2) 학년대별 프로그램 차시의 구성

초등학교 시기는 아동 초기부터 청소년 초기에 이르러, 이 시기 동안에는 변화의 폭이 크다. 따라서 1~2학년, 3~4학년, 5~6학년을 구분하고 학년대별로 사회정서학습 프로그램 차시를 구성하였다. 나선형 커리큘럼 방식을 적용하여 동일한 주제가 여러 학년에서 반복될지라도 학년대별로 중점을 두는 내용이나 활동 및 과제의 난이도는 상이하도록 제작하였다. 즉, 모든 학년에 공통된 여덟 가지의 사회적 기술 훈련을 시행할지라도 구체적인 학습 내용과 활동은 학년대별 발달수준과 요구에 맞도록 차별화하였다(pp. 33-35, 프로그램의 구성 표 참고).

예를 들면, '자신의 감정을 알아차리기'는 사회정서능력 5영역 중에서 자기인식 영역에 속하고, 모든 학년에 공통된 사회적 기술로 선정되었다(〈부록 1-1〉 참고). 이에 따라 감정 이해 기술의 훈련은 모든 학년에서 프로그램 활동요소로 포함되었다. 단, '자신의 생각이 감정에 영향을 미치는지 파악하기' 활동은 1~2학년에게 어려울 것이라는 판단 아래 3~4학년용 이상의 프로그램에 배치하였다. 1~2학년용에는 감정이 무엇인지 알아보는 활동이, 3~4학년용에는 다양한 감정의 의미를 알아보고 생각과 감정의 관계를 살펴보는 활동이, 5~6학년용에는 중학교 진학 및 진로 그리고 사춘기와 관련된 스트레스로 인한 부정적 감정을 이해하는 활동과 더불어 생각을 변화시켜 감정을 변화시키는 활동이 포함되었다.

(3) 프로그램의 시험적 실시와 효과 검증

2017년 1학기에 1~2학년용 예비 프로그램을 G광역시 초등학교 2학년 한 학급에 시험적으로 실시하고, 프로그램 구성과 시행 과정상의 문제점을 검토하였다. 학교 일정상 2, 3차시는 같은 주 화, 금요일 3교시에 실시하였고, 나머지 차시들은 매주 목요일 3교시에 한 차시씩 실시하였다. 프로그램의 효과를 검증하기 위하여, 교사선호 사회적 행동, 정서 조절, 공동체 의식의 수준이 각각 프로그램 실시 전에 비해 실시 후에 증가하는지를 살펴보았다.

프로그램 실시에 앞서 실험집단(29명)과 통제집단(34명)에 사전검사를 실시하였고, 프로그램 종료 직후에 사후검사를 실시하였다. 첫째, Walker와 McConnell(1995)의 교사보고형 사회적 행동 평정척도로 교사선호 사회적 행동 수준을 측정하였다. 1명의 담임교사가 학급 내 모든 학생들을 평가해야 하는 부담을 줄이기 위해 전체 16문항 중에서 6문항을 선별하여 사용하였다(예: '화가 나더라도 폭력을 쓰지 않고 화를 적절하게 표현한다.' '다른 사람의 감정을 알아차린다.'). 둘째, 이선주(2006)의 아동보고형 정서지능 척도 중에서 정서조절 7문항 (예: '놀이터에서 친구가 나를 밀었다. 이럴 때 나는 화가 나지만 참는다.' '친구가 울 때, 나는 그 친구의 기분을 바꿔 주기 위해 노력한다.')을 사용하여 정서조절 수준을 측정하였다. 셋째, 방소연 과 최일선(2015)이 초등학교 2학년의 자율성과 공공의식을 측정하기 위해 사용했던 4문항 (예: '나는 우리 반 규칙을 남이 보지 않아도 스스로 지킨다.' '나는 우리 반에서 어떤 일을 맡으면 끝까지 책임감 있게 한다.')을 사용하여 공동체 의식 수준을 측정하였다.

통계분석 결과, 한 학기 동안에 사회정서학습 예비 프로그램에 참여한 아동들의 교사선 호 사회적 행동 수준과 정서조절 수준이 프로그램에 참여하지 않은 아동들보다 상승하였 다. 그러나 프로그램 참여에 따른 공동체 의식 수준의 상승은 미미하였다(〈부록 1-2〉 참조).

〔표 2. 1~2학년용 예비 프로그램〕

차시	사회정서능력 영역
1. 지켜서 즐거운 우리	사회적 인식, 책임 있는 의사결정
2. 오늘의 할 일	자기관리
3. 도와줘요! 고마워요!	관계기술
4. 서로 힘을 모아	관계기술
5. 이럴 때는 이런 감정	자기인식, 자기관리
6. 아름다운 대화	관계기술
7. 나의 강점 나무	자기인식
8. 서로 존중하기	관계기술
9. 화가 나도 때리면 안 돼요!	자기관리, 관계기술
10. 싫은 상황에 대처하기	자기관리, 관계기술, 책임 있는 의사결정
11. 갈등해결하기	자기관리, 관계기술, 책임 있는 의사결정

(4) 프로그램의 수정 · 보완

사회정서학습 프로그램이 초등학생의 교사선호 사회적 행동과 정서조절을 향상시키는 데는 효과적인 것으로 밝혀졌을지라도 프로그램의 수정 · 보완의 필요성도 확인되었다. 이를 참고하여 다음과 같은 방향으로 프로그램을 수정 · 보완하였다.

첫째, 프로그램 도입 단계에서 아동들의 주의를 집중시키고 참여 동기를 유발하기가 어려웠다. 프로그램 개발진의 협의를 통해, 도입 단계의 초반에 마음을 차분하게 가라앉히고

본 수업에 대한 주의집중과 내적 동기를 유발하는 수업자료와 간단한 활동을 보강하였다. 예를 들면, 아동이 따라 하기 쉬운 방식의 마음챙김 명상 활동('나의 마음에 집중하기'), 해당 차시의 학습 내용과 관련된 짧은 동영상 자료, 동화 구연을 추가하였다. 수업자료의 출처는 해당 차시의 지도안에 제시되어 있다.

둘째, 예비 프로그램에는 글쓰기를 요하는 활동과 학습지를 작성하거나 질문을 듣고 대답하는 활동이 많았고, 여러 단계로 이루어진 복잡한 과제도 포함되었다. 그러나 저학년 중에는 쓰기에 어려움을 겪는 학생들이 있으므로 글쓰기 활동을 줄이는 방향으로 프로그램을 수정하였다. 복잡한 활동은 단순화하였고, 그리기, 만들기, 신체를 활용한 움직임, 역할놀이 등을 통해 실제로 사회정서기술을 사용해 보는 체험 활동의 비중을 높였다.

셋째, 아동의 관심과 흥미를 끌 만한 사례와 활동을 보강하였다. 개인적 관련성과 의미를 가지는 주제를 제시하여 아동이 자신의 경험담을 말하고 모둠원들이 서로 피드백을 제시하는 방식을 추가하였다.

넷째, 아동이 학급에서 배운 사회정서기술을 실생활 속에서 사용해 보게 할 목적으로 예비 프로그램의 매 차시 말미에 학습지 과제를 제시하였다. 그러나 연습과 실생활 체험이 중요할지라도 학습지 과제의 반복은 프로그램에 대한 관심의 감소와 심리적 부담의 증가를 초래한다. 따라서 학습지 작성 방식의 과제를 가급적 줄이고, 차시마다 학부모 알림장을 추가하였다. 학부모 알림장을 통해 프로그램 실시 교사는 프로그램 진행과정과 내용을 학부모에게 알릴 수 있고, 학부모는 자녀의 학습 과정에 대한 안내를 받아 자녀의 사회정서기술 사용에 대해 관심을 표현하고 격려할 수 있으며, 학생들이 가정에서도 사회정서기술을 사용할 수 있도록 하였다.

초등학교 시기는 인지, 정서, 사회성, 신체능력 등 여러 영역에서 현저한 발달을 이루는 시기이므로 학년대별로 강조되거나 습득해야 할 사회정서기술과 능력이 다를 수 있다. 심지어 동일한 사회정서기술과 능력이 여러 학년에 공통적으로 중요할지라도 학년대에 따라 상이한 훈련 방법이 효과적일 수 있고 중점적으로 다루어야 할 구체적 기술이 다를 수 있다. 따라서 저학년(1~2학년), 중간학년(3~4학년), 고학년(5~6학년)을 구분하여 『초등학생을 위한 사회정서학습 프로그램』을 구성하였다.

1) 실시대상

이 프로그램의 목표는 초등학생의 사회정서능력 향상, 문제행동 예방과 정신건강 증진, 안전한 학교환경 조성에 있으므로 심각한 사회정서문제나 행동문제를 보이지 않는 보통의 초등학생들을 대상으로 실시한다. 또한 문제를 겪을 위험에 처해 있거나 문제의 초기 증상을 보이기 시작한 소수 학생들에게는 선택적 예방의 방법으로 이 프로그램을 좀 더 자주, 집중적으로 실시한다.

이 프로그램은 심각한 문제행동이나 정신건강문제를 가진 아동들을 대상으로 개발되지 않았다. 그러나 문제가 심각한 학생에게 오랜 시간에 걸쳐 자주 집중적으로 이 프로그램을 실시한다면, 문제의 심각한 정도를 완화하는 데 도움이 될 수 있다. 이 프로그램의 실시와 더불어 반드시 문제증상을 직접 다루는 치료적 개입을 집중적으로 실시해야 한다.

2) 실시자

이 프로그램의 주요 실시자는 초등학교 교사들이다. 또한 초등학교의 인성교육 담당자, 초등학생의 사회정서능력 발달, 배려의 학습공동체 활동, 학교폭력 예방 등에 관심이 있는 교직원, 상담교사, 사회복지사, 아동문제전문가들도 이 프로그램을 실시할 수 있다. 이 프로그램의 실시를 위해 별도의 훈련이 요구되지 않는다.

3) 프로그램의 특징

첫째, 이 프로그램은 학교심리학을 전공하고 초등교육에 관심을 가지고 있는 교육자들에 의해 개발되었다.

초등학교 현장에서 필요하다고 여겨지는 주제와 활동을 엄선하였고, 초등학교 교사들이 별도의 직무연수나 훈련을 받지 않고도 교직업무와 병행하면서 학급 학생들이나 소집단 학생들과 활동을 이끌어 갈 수 있도록 프로그램이 구성되어 있다. 차시별 프로그램은 초등학교 교사들의 눈에 익은 교수학습지도안 양식에 학습목표, 활동개요, 도입-전개-정리 단계별 활동, 학습지와 교수자료가 제시되어 있다.

둘째, 각 차시는 마음챙김 활동과 동기유발 활동으로부터 시작된다.

학생들은 각 차시의 도입 단계 초반에 2~3분 정도 '나의 마음에 집중하기' 활동을 한다. 조용한 음악을 듣거나 간단한 마음챙김 명상을 함으로써 차분한 마음으로 프로그램에 참여할 수 있게 된다. 마음챙김 명상 활동 예시와 명상곡 목록을 부록에 제시하여 교사들이 쉽게 활용할 수 있게 하였다.

다음, 수업을 시작하기 전에 각 차시의 주제와 학습문제에 관련된 동영상 자료나 글을 학생들에게 보여 주거나 읽게 하여 학습동기를 유발할 수 있게 하였다. 동영상 자료나 글의 출처는 교수학습지도안 또는 부록(차시별 참고자료)에 제시되어 있으므로 실시교사가 쉽게 얻을 수 있을 것이다.

셋째, 사회정서능력의 증진을 위해 개발된 프로그램 중 효과성이 입증된 프로그램들의 공통 특징이 이 프로그램에서도 구현되도록 설계하였다.

선행연구(Catalano et al., 2004; Durlak et al., 2011)에 의하면, '기술 훈련' 요소와 '기술 사용에 대한 강화 및 피드백' 요소가 둘 다 포함되고 SAFE 방식으로 실시되는 프로그램이 효과적이었다. 이 프로그램에서도 아동들은 신체활동, 협동작업, 역할놀이 등을 통해 (저학년에서) 도움을 요청하는 말하기, 고마움을 표현하는 쪽지 쓰기; (중간학년에서) 감정을 얼굴 표정으로 그리기, 긴장을 푸는 숨쉬기, 진심으로 사과하는 말하기; (고학년에서) 자신의 강점을 찾아 남에게 설명하기, 화를 표출했을 때와 진정시켰을 때의 결과를 비교하기 등 구체적인 사회정서기술을 실제로 사용해 본다. 그리고 사회정서기술의 사용에 대해 교사, 또래집단, 부모로부터 피드백과 강화를 받는다.

- S: sequenced activities (순차적으로 연결된 활동들)
- A: active forms of learning (설명식 교수보다는 활동 중심의 학습)
- F: focusing on skills training (기술을 실제로 사용해 보는 훈련에 중점)
- E: explicitly targeting specific social-emotional skills (일반적이고 추상적인 능력 또는 특성이 아닌 구체적인 사회정서기술의 숙달에 목표를 둠)

넷째, 효과적인 수업전략을 활용하였다.

효과적인 수업전략은 교과수업에서든 사회정서학습에서든 두루 필요하다. 따라서 이 프로그램을 고안할 때 다음과 같이 수업설계 전문가들이 제안한 성공적인 수업설계의 일반적 원리와 효과적인 수업전략을 참고하였다(변영계, 김영환, 손미, 2005; 조용개, 신재한, 2011).

① 수업목표 명시의 원리
- 수업을 시작할 때 학생에게 수업목표를 분명하게 제시한다.
- 수업목표에 도달하는 절차를 설명해 주고 순서도로 제시한다.

② 내적 동기 유발 및 유지의 원리
- 성공을 경험하게 하여 자기효능감을 높인다.
- 수업목표의 달성이 주는 가치를 알려 준다.
- 시청각 보조자료, 실생활과 관련된 사례, 학생의 개인적 경험을 활용한다.
- 게임, 예술활동 등을 활용하여 흥미를 높인다.

③ 능동적 참여의 원리
- 발문, 토론, 학습지 작성, 역할놀이를 통해 학습 활동에 능동적으로 참여하게 한다.
- 복잡한 개념이나 원리를 다룰 때는 쉬운 사례를 보여 주고 쉽게 설명한다.

④ 연습의 원리
- 학습한 내용을 반복적으로 연습할 기회를 제공한다.
- 학습한 내용을 실제 상황에 적용할 기회를 제공한다.

⑤ 피드백의 원리

- 학습한 내용을 사용한 것에 대해 칭찬하고 강화를 제공한다.
- 오류가 발생하면 학습목표나 행동목표를 상기시킨다.
- 발생한 오류를 교정하고, 이를 개선할 방법을 제안한다.

⑥ 파지, 전이, 일반화의 원리

- 매 차시에서 학습한 내용을 교사가 요약해 주거나 학생이 스스로 요약하게 한다.
- 매 차시를 마무리할 때, 앞 차시에서 학습한 내용과의 연관성을 설명하거나 학생 스스로 찾아보게 한다.
- 학습한 기술 또는 내용을 상징하는 시각적 단서를 교내 여러 곳에 게시한다.
- 학습한 기술을 학교 안팎의 실생활 문제에 응용해 보는 과제를 내준다.
- 학습한 기술을 학교일과 중에 또는 일상생활에서 사용할 때 칭찬하고 격려한다.
- 프로그램에 대한 학부모의 참여와 관심을 높이기 위하여 프로그램 진행과정을 학부모에게 안내하는 학부모 알림장을 학교 홈페이지에 게시한다.

다섯째, 이 프로그램은 총 37차시로 구성된다.

매주 1차시씩 진행할 경우, 학년대별로 전체 프로그램을 한 학기에 마칠 수 있도록 1~2학년용 11차시, 3~4학년용 13차시, 5~6학년용 13차시로 구성하였다. 관심 주제와 필요 및 여건에 따라 일부 차시를 선별적으로 실시할 수도 있다.

여건이 허락하면, 매주 2차시를 실시하는 집중연습보다는 매주 1차시를 실시하는 분산연습의 방법을 추천한다. 분산연습을 하면 학생들이 교실에서 배운 사회정서기술을 일주일 동안 학교 안팎의 실생활에서 실제로 사용해 보고 주변사람들로부터 기술 사용에 대한 피드백을 받을 수 있다. 사회정서기술의 빈번한 사용은 뇌에 풍부한 신경연결망을 만들어 내고 정서-인지-행동을 연결 짓는 신경회로를 강화하므로(Brandt, 2003; Riggs, Greenberg, Kusché, & Pentz, 2006) 분산연습의 방법이 학습효과를 장기간 유지하고 여러 실제 장면에 일반화하는 데 도움이 될 것이다.

여섯째, 프로그램 실시대상이 6년에 걸쳐 여러 발달 영역에서 큰 변화를 이루고 학습능력과 학업성취에서도 질적·양적 차이를 나타내는 초등학생임을 감안하여, 1~6학년 공통 주제뿐만 아니라 학년대별로 차별화되는 핵심 주제가 골고루 포함되도록 프로그램을 구성하였다. 나선형 교육과정의 원리에 따라, 학년이 높을수록 좀 더 내면적이고 심화된 사회정서기술을 훈련하는 방식이 활용되었다. 즉, 어떤 사회적 기술이 전체 학년에 공통된 것일지라도 학년대별 발달수준에 맞춰 중점적으로 다루는 세부내용과 활동에는 차이가 있다 (p. 25, pp. 33-35 참고).

일곱째, 사회정서능력 5영역이 학년대별로 프로그램 안에 빠짐없이 포함되어 있다.

어떤 차시에서는 사회정서능력 5영역 중 한 영역만 다루고, 어떤 차시에는 2~3개 영역을 다룬다.

여덟째, 각 차시는 개요와 교수학습지도안으로 구성되어 있다.

개요는 프로그램 실시교사가 차시별 수업 전반을 미리 파악하여 준비할 수 있도록 차시별로 지향하는 사회정서능력의 영역, 학습목표, 도입-전개-정리 단계별 활동과 준비물 안내, 지도상 유의점, 학부모 알림장 내용을 제시한다. 교수학습지도안은 도입-전개-정리 단계별 학습 과정, 학생용 학습지, 교사용 수업자료, 학급 게시물을 포함한다.

4) 차시 내 구성

차시별 교수학습활동은 도입, 전개, 정리의 순서대로 진행된다.

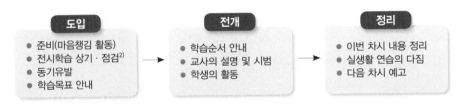

---

2) 이전 차시에 배운 사회정서기술을 가정 또는 실생활에서 사용해 본 경험, 어려웠던 점, 주변의 반응 등에 대해 묻고, 기술을 사용해 본 것에 대해 칭찬한다.

5) 프로그램의 구성

〈1~2학년용 사회정서학습 프로그램의 차시별 주제, 제목, 학습문제, 사회정서능력 영역〉

차시	주제	제목	학습문제	사회정서능력 영역				
				자기인식	자기관리	사회적인식	관계기술	책임 있는 의사결정
1	규칙준수	지켜서 즐거운 우리	학교와 공공장소에서 지켜야 하는 일을 알아봅시다.					●
2	습관형성	오늘 내가 할 일	매일 내가 할 일들을 알아봅시다.		●			
3	자기이해	강점 나무	나의 강점과 친구의 강점을 찾아봅시다.	●				
4	감정	즐겁고 신나는 감정	감정이 무엇인지 알아봅시다.	●				
5	공감	마음을 비추는 표정	표정을 통해 마음을 알아봅시다.			●		
6	분노조절	화가 날 때는 냄쉬요	화가 날 때 화를 멈추는 방법을 알아봅시다.		●		●	
7	타인존중	내 친구	서로 다른 사람과도 친구가 될 수 있는지 알아봅시다.			●	●	
8	의사소통	도와줘요! 고마워요!	도움을 요청하고 고마움을 표현해 봅시다.				●	
9	학교폭력	싫은 상황에 대처하기	싫은 상황에는 어떻게 대처해야 하는지 알아봅시다.		●		●	
10	문제해결	갈등해결방법 알기	갈등이 생기면 어떻게 해결해 하는지 알아봅시다.			●	●	
11	협력	서로 힘을 모아	서로 협력하여 문제를 해결해 봅시다.				●	

〈3~4학년용 사회정서학습 프로그램의 차시별 주제, 제목, 학습문제, 사회정서능력 영역〉

차시	주제	제목	학습문제	사회정서능력 영역				
				자기 인식	자기 관리	사회적 인식	관계 기술	책임 있는 의사결정
1	알아가기	멋진 너, 빛나는 우리	친구들에게 나를 소개해 봅시다.	●				
2	감정	감정스토리	다양한 감정단어의 의미를 알아봅시다.	●				
3	사고	생각, 감정의 짝꿍!	생각과 감정의 관계를 알아봅시다.	●				
4	자기이해	강점 그래프	강점 그래프를 만들어 봅시다.	●				
5	자기이해	숨어 있는 나 찾기	숨어 있는 나를 찾아봅시다.	●				
6	타인존중	달라서 좋아요	마음의 좋은 점을 알아봅시다.			●		
7	공감	마음을 알아주는 대화	친구의 마음을 알아주는 대화를 해 봅시다.			●	●	
8	분노조절	화를 숫자로 표현해 보아요	화를 숫자로 표현해 봅시다.	●	●			
9	스트레스	스트레스 줄이는 행복부채	스트레스를 줄이는 방법에 대해 알아봅시다.	●	●			
10	학교폭력	폭력에 맞서요	폭력에 대처해 봅시다.			●	●	●
11	의사소통	미안해	진심이 담긴 사과의 말을 해 봅시다.				●	
12	문제해결	갈등해결방법 연습하기	다양한 갈등해결방법을 알아봅시다.			●	●	●
13	협력	SEL Day	SEL 노래를 만들어 불러 봅시다.				●	

〈5~6학년용 사회정서학습 프로그램의 차시별 주제, 제목, 학습문제, 사회정서능력 영역〉

차시	주제	제목	학습문제	사회정서능력 영역				
				자기 인식	자기 관리	사회적 인식	관계 기술	책임 있는 의사결정
1	알아가기	나, 너, 우리의 사회정서학습	사회정서학습에 대하여 알아봅시다.					●
2	감정	사춘기의 감정	사춘기의 감정이 무엇인지 알아봅시다.	●				
3	사고	생각이 감정을 바꿀 수 있어요	생각에 따른 감정의 변화를 알아봅시다.	●				
4	자기이해	강점 명함	강점 명함을 만들어 봅시다.	●		●		
5	자기이해	나 사용설명서	나의 특징을 설명해 봅시다.	●				
6	타인존중	차별이 뭐예요	차별에 대해 알아봅시다.					
7	공감	상대방의 마음을 알아주는 대화	친구의 마음을 알아주는 대화를 해 봅시다.				●	●
8	분노조절	화를 진정시키는 방법	화를 진정시키는 나만의 방법을 알아봅시다.	●	●	●	●	
9	스트레스	스트레스의 또 다른 의미	스트레스의 긍정적 의미를 찾아봅시다.	●	●			
10	학교폭력	나의 품격, 말	품위 있는 말로 이야기해 봅시다.					
11	의사소통	거짓말로 쌓은 성	거짓말의 과정을 살펴봅시다.				●	●
12	문제해결	갈등해결방법 적용하기	갈등해결방법을 적용해 봅시다.			●	●	●
13	협력	SEL Day	SEL Day를 만들어 봅시다.				●	●

부록 1-1. 초등학교 교사 15명이 보고한 초등학생에게 필요한 사회정서기술 요약

1~6학년 공통 기술	학년	학년대별 기술
• 자신의 감정을 알아차리기 • 감정을 상황에 맞게 적절히 표현하기 • 자기의 가치를 알고 자존감 유지하기 • 타인의 감정을 이해하고 느껴 보기 • 사회적 규범 이해하기 • 규칙 이해하기 • 규칙 지키기 • 상황에 적절하게 행동하기 • 정직하게 행동하기 • 양보하기 • 스트레스 관리하기 • 충동 조절하기 • 분노 조절하기 • 남을 존중하고 배려하기	1~2	• 지시 따르기 • 공동체 활동에 맞게 행동하기 • 주변 환경 정리하기 • 자신이 한 잘못에 대해 사과하기
	3~4	• 친구와 경쟁이 아닌 협력하기 • 분명하게 자기주장하기 • 다양성, 차이를 이해하고 존중하기 • 또래들과 협력하기
	5~6	• 토론, 토의하여 문제해결하기 • 여러 사람의 의견을 존중하고 협상하기 • 공부 스트레스, 진학 스트레스 관리하기 • 자신에 대해 객관적으로 알기 • 효과적으로 의사소통하기 • 상대방의 입장에서 생각하기 • 주도적 활동을 계획하고 실행하기

부록 1-2. 1~2학년용 예비 프로그램의 효과 검증 결과

표 1. 교사선호 사회적 행동, 정서조절, 공동체 의식의 평균, 표준편차, 조정평균

집단	사회적 행동			정서조절			공동체 의식		
	사전검사 평균(표준편차)	사후검사 평균(표준편차)	사후검사 조정평균(표준오차)	사전검사 평균(표준편차)	사후검사 평균(표준편차)	사후검사 조정평균(표준오차)	사전검사 평균(표준편차)	사후검사 평균(표준편차)	사후검사 조정평균(표준오차)
실험 (29명)	22.52 (3.81)	28.21 (2.60)	28.40 (0.39)	12.93 (3.12)	13.93 (2.37)	13.94 (0.34)	14.38 (3.57)	15.52 (2.46)	15.61 (0.41)
통제 (34명)[1]	23.91 (4.30)	26.06 (2.00)	25.90 (0.36)	12.97 (3.29)	12.64 (2.56)	12.63 (0.32)	14.88 (3.22)	15.09 (2.93)	15.01 (0.39)

1) 사후검사일에 통제집단의 한생 1명이 결석하여 학생보고 자료(정서조절, 공동체 의식)의 통제집단 사례 수는 33명임.

표 2. 교사선호 사회적 행동, 정서조절, 공동체 의식에 대한 공분산분석 결과

변인	변량원	제곱합	자유도	평균제곱	F	η^2
사회적 행동	사전검사	65.55	1	65.55		
	집단 간	95.15	1	95.15	22.38***	.272
	오차	255.09	60	4.25		
정서 조절	사전검사	164.96	1	164.96		
	집단 간	26.68	1	26.68	7.77**	.116
	오차	202.54	59	3.43		
공동체 의식	사전검사	151.369	1	151.469		
	집단 간	5.626	1	5.626	1.13	.019
	오차	292.600	59	4.959		

** $p < .01$. *** $p < .001$.

노경란, 김지연, 권윤정, 구민정, 구연익(2014a). 초등학생을 위한 사회성 향상 프로그램: 친구야 놀자. 서울: 학지사.

노경란, 김지연, 권윤정, 구민정, 구연익(2014b). 초등학생을 위한 정서발달 향상 프로그램: 내 마음을 알 아봐. 서울: 학지사.

도승이(2015). 사회정서학습 측면에서 인성교육과 인성의 측정. 교육심리연구, 29(4), 719-735.

방소연, 최일선(2015). 협동게임이 초등학교 저학년 아동의 또래관계와 공동체의식에 미치는 영향. 서울교육대학교 한국초등교육, 26(2), 337-354.

변영계, 김영환, 손미(2005). 교육방법 및 교육공학(2판). 서울: 학지사.

손경원, 이인재(2009). 청소년 일탈행동 예방을 위한 사회정서학습의 특징과 교육적 함의. 윤리교육 연구, 19, 169-190.

신현숙(2011). 학업수월성 지향 학교에서 사회정서학습의 필요성과 지속가능성에 관한 고찰. 한국 심리학회지: 학교, 8(2), 175-197.

신현숙(2013). 교과수업과 연계한 학급단위의 사회정서학습: 사회정서적 유능성과 학교관련 성과 에 미치는 효과. 한국심리학회지: 학교, 10(1), 83-110.

신현숙, 류정희, 박주희, 이은정, 김선미, 배민영, 윤숙영, 강금주(2015). 중학생을 위한 사회정서학습 프로그램: 교사용 지도서. 서울: 학지사.

염철현(2012). 미국 초·중등학생의 「학업적, 사회적, 감성적 능력함양을 위한 학습법」 소개 및 한 국교육에 주는 시사점(교육정책 네트워크-세계교육정책 인포메이션. 현안보고 OR 2012- 01-4). 서울: 한국교육개발원.

이선주(2006). 초등학교 저학년 아동의 가정환경과 정서지능과의 관계. 경인교육대학교 대학원 석 사학위논문.

장진희(2013). 초등학교 학년별 사회적 기술 목록 탐색. 한국교원대학교 대학원 석사학위논문.

정옥분, 정순화, 임정하(2008). 정서발달과 정서지능. 서울: 학지사.

조용개, 신재한(2011). 교실 수업 전략. 서울: 학지사.

Bandura, A. (1977). *Social learning theory*. Englewood Cliffs, NJ: Prentice-Hall.

Bear, G. G. (2012). 바르게 훈육하는 학교 스스로 규율을 지키는 학생 [*School discipline and self-discipline*]. (신현숙, 류정희, 배민영, 이은정 공역). 서울: 교육과학사. (원전은 2010년에 출판).

Beck, A. T. (1976). *Cognitive therapy and emotional disorders*. New York: International University Press.

Bedell, J. R., & Lennox, S. S. (1997). *Handbook of communication and problem-solving skills training: A cognitive-behavioral approach.* Oxford, England: Wiley.

Begun, R. W. (2006). 초등학교 4-6학년용 바로 사용할 수 있는 사회적 기술 향상 프로그램 [*Ready-to-use social skills lessons & activities for grades 4-6*]. (응용발달심리연구센터 역). 서울: 시그마프레스. (원전은 1996년에 출판).

Begun, R. W. (2007). 초등학교 1-3학년용 바로 사용할 수 있는 사회적 기술 향상 프로그램 [*Ready-to-use social skills lessons & activities for grades 1-3*]. (응용발달심리연구센터 역). 서울: 시그마프레스. (원전은 1996년에 출판).

Brandt, R. (2003). How new knowledge about the brain applies to social and emotional learning. In M. J. Elias, H. A. Arnold, & C. S. Hussey (Eds.), *EQ + IQ = Best leadership practices for caring and successful schools* (pp. 57-70). Thousand Oaks, CA: Corwin Press.

Carrizales-Engelmann, D., Feuerborn, L. L., Gueldner, B. A., & Tran, O. K. (2016). *Merrell's strong kids—Grades 3-5: A social & emotional learning curriculum* (2nd ed.). Baltimore: Brookes Publishing.

Catalano, R. F., Berglund, M. L., Ryan, J. A., Lonczak, H. S., & Hawkins, J. D. (2004). Positive youth development in the United States: Research findings of evaluation of positive youth development programs. *The Annals of the American Academy of Political and Social Science, 591*, 98-124.

Collaborative for Academic, Social, and Emotional Learning (2013). *CASEL schoolkit: A guide for implementing schoolwide academic, social, and emotional learning.* Chicago, IL: Author.

Collaborative for Academic, Social, and Emotional Learning (2015a). SEL outcomes. *http://www.casel.org/social-and-emotional-learnng/outcomes/*에서 인출.

Collaborative for Academic, Social, and Emotional Learning (2015b). The promotion of students' SEL. *http://www.casel.org/social-and-emotional-learning/promotion/*

Collaborative for Academic, Social, and Emotional Learning (2017a). Core SEL competencies. *http://www.casel.org/core-competencies/*에서 인출.

Collaborative for Academic, Social, and Emotional Learning (2017b). What is SEL? *http://www.casel.org/what-is-sel/*에서 인출.

Cowen, E. L., Trost, M. A., Izzo, L. O., Lorion, R. P., Dorr, D., & Isaacson, R. V. (1996). *School-based prevention for children at risk: The primary mental health project.* Washington, DC: American Psychological Association.

Durlak, J. A., Weissberg, R. P., Dymnicki, A. B., Taylor, R. D., & Schellinger, K. B. (2011). The impact of enhancing students' social and emotional learning: A meta-analysis of school-based universal interventions. *Child Development, 82*(1), 405-33.

Ee, J. (2009). *Empowering metacognition through social-emotional learning: Lessons for the classroom*. Singapore: Cengage Learning Asia.

Eisenberg, N., & Fabes, R. A. (1991). Prosocial behavior and empathy: A multimethod developmental perspective. In M. S. Clark (Ed.), *Review of personality and social psychology* (Vol. 12, pp. 34–61). Newbury Park, CA: Sage.

Elias, M. J. (2009). Social-emotional and character development and academics as a dual focus of educational policy. *Educational Policy, 23*(6), 831–846.

Greenberg, M. T., Weissberg, R. P., O'Brien, M. U., Zins, J. E., Fredericks, L., Resnik, H., & Elias, M. J. (2003). Enhancing school-based prevention and youth development through coordinated social, emotional, and academic learning. *American Psychologist, 58*, 466–474.

Gresham, F. M., & Elliott, S. N. (1990). *Social skills rating system*. Circle Pines, MN: American Guidance Service.

Harlacher, J. E., & Merrell, K. W. (2010). Social and emotional learning as a universal level of student support: Evaluating the follow-up effect of Strong Kids on social and emotional outcomes. *Journal of Applied School Psychology, 26*, 212–229.

Johnson, D. W., & Johnson, R. T. (2004). The three Cs of promoting social and emotional learning. In J. E. Zins, R. P. Weissberg, M. C. Wang, & H. J. Walberg (Eds.), *Building academic success on social and emotional learning. What does the research say?* (pp. 40–58). New York: Teachers College Press.

Mayer, J. D., & Salovey, P. (1997). What is emotional intelligence? In P. Salovey & D. J. Sluyter (Eds.), *Emotional development and emotional intelligence*. New York: Basic Books.

McCombs, B. L. (2004). The learner-centered psychological principles: A framework for balancing academic achievement and social-emotional learning outcomes. In J. E. Zins, R. P. Weissberg, M. Wang, & H. J. Walberg (Eds.), *Building academic success on social and emotional learning: What does the research say?* (pp. 23–39). New York: Teachers College Press.

McNamara, K. (2002). Best practices in promotion of social competence in the schools. In A. Thomas & J. Grimes (Eds.), *Best practices in school psychology IV* (pp. 911–927). Bethesda, MD: The National Association of School Psychologists.

Merrell, K. W., & Gueldner, B. A. (2011). 사회정서학습: 정신건강과 학업적 성공의 촉진 [*Social and emotional learning in the classroom: Promoting mental health and academic success*]. (신현숙 역). 서울: 교육과학사. (원전은 2010년에 출판).

Riggs, N. R., Greenberg, M. T., Kusché, C. A., & Pentz, M. A. (2006). The mediational role of neurocognition in the behavioral outcomes of a social-emotional prevention program in elementary school students: Effects of the PATHS curriculum. *Prevention Science, 7*(1),

91−102.

Schunk, D. H. (1987). Peer models and children's behavioral change. *Review of Educational Research, 57,* 149−174.

Seligman, M. E. P., & Csikszentmihalyi, M. (2000). Positive psychology: An introduction. *American Psychologist, 55,* 5−14.

Selman, R. (1980). *The growth of interpersonal understanding.* New York: Academic Press.

Vernon, A. (2010). 생각하기 느끼기 행동하기: 초등학생을 위한 사고 및 정서교육과정 [*Thinking, feeling, behaving: An emotional education curriculum for children. Grades 1−6.*]. (박경애, 하진의, 윤정혜, 이유미 역). 서울: 시그마프레스. (원전은 1989년에 출판).

Vygotsky, L. S. (1978). *Mind in society: The development of higher psychological processes.* (Translated by M. Cole, V. John-Steiner, S. Scribner, & E. Souberman). Cambridge, MA: Harvard University Press.

Walker, H. M., & McConnell, S. R. (1995). *Walker-McConnell scale of social competence and school adjustment: Elementary version. User's manual.* Singular Publishing Group: San Diego, CA.

Whitcomb, S. A., & Parisi Damico, D. M. (2016). *Merrell's strong start−Grades K−2: A social and emotional learning curriculum* (2nd ed.). Baltimore: Brookes Publishing.

Zins, J. E., Bloodworth, M. R., Weissberg, R. P., & Walberg, H. J. (2004). The scientific base linking social and emotional learning to school success. In J. E. Zins, R. P. Weissberg, M. Wang, & H. J. Walberg (Eds.), *Building academic success on social and emotional learning. What does the research say?* (pp. 3−22). New York: Teachers College Press.

제**2**부

교수학습지도안

파트 **1** (1~2학년)

□자기인식 □자기관리 ■사회적 인식 □관계기술 ■책임 있는 의사결정

1~2학년 규칙준수

1. 지켜서 즐거운 우리

🔽 학습목표

1. 학교와 공공시설에서 지켜야 할 규칙의 중요성을 설명할 수 있다.
2. 학교와 공공시설에서 지켜야 할 규칙을 말할 수 있다.
3. 학교와 공공시설에서 규칙을 지키려는 태도를 갖는다.

🔽 활동개요

단계	활동	준비물
도입	• 사회정서학습 알아보기 • 공부할 문제 안내하기	〈교사〉 명상곡, PPT 저-1
전개	• 활동1: 사회정서학습 규칙 세우기 • 활동2: 학교와 공공시설에서 알맞은 행동 알아보기 • 활동3: 에티켓 다짐하기(모둠)	〈교사〉 PPT 저-1, 교사자료 1-1~1-6 〈학생〉 학습지 1-1, A4용지, 색연필
정리	• 정리 및 나누기	

🔽 지도상 유의점

- SEL 규칙을 학급 게시판에 부착할 수 있다.
- 사회정서학습에 관한 학생들의 이해를 높일 수 있도록 쉬운 용어로 설명한다.
- 활동2를 진행할 때, 교사는 학생들에게 PPT를 제시하며 이야기를 들려준다.

🔽 학부모 알림장

다음 내용을 학급 홈페이지 알림장에 올려, 오늘 배운 내용을 가정에서도 연습할 수 있도록 합니다.

- 이번 학기에는 나를 알고, 상대방을 이해하며 사회성과 정서조절을 배우는 활동을 할 계획입니다. 오늘 학교와 공공장소에서 지켜야 할 일에 대해 배웠습니다. 손바닥 그림에 적은 에티켓을 가족들과 함께 읽고 잘 지킬 수 있도록 격려해 주세요.

단계	학습 과정
도입 (9′)	⏻ **사회정서학습 알아보기** ◆다섯 가지 문제를 듣고, 팔과 손을 이용하여 할 수 있으면 ○, 아니면 ×를 머리 위로 만들기 ◆문제마다 ○를 표시한 학생에게 문제에 답하도록 발문하기 • 나는 1분 안에 내 장점 다섯 가지를 말할 수 있다. • 나는 지금 내 짝꿍의 정서(감정)를 말할 수 있다. • 나는 나를 놀리는 친구에게 화내지 않고 하지 말라고 말할 수 있다. • 나는 친구와 다투었을 때 화해하는 나만의 방법이 있다. • (줄넘기)를 잘 하기 위해 연습목표를 세운 적이 있다. – 우리는 오늘부터 '나를 알기! 상대방을 이해하기! 나를 다스리기! 사이좋은 관계 맺기! 지혜 롭게 선택하기!'의 다섯 가지 기술을 배우게 됩니다. 이를 통해 우리는 다섯 가지 문제에 모 두 자신 있게 대답을 할 수 있게 되지요. 그래서 여러분은 건강한 생각과 지혜로운 마음을 키우는 어린이가 될 것입니다. ⏻ **공부할 문제 안내하기** 학교와 공공장소에서 지켜야 하는 일을 알아봅시다.
전개 (28′)	⏻ **학습순서 안내하기(1분)** 활동1. 사회정서학습 규칙 세우기 활동2. 학교와 공공시설에서 알맞은 행동 알아보기 활동3. 에티켓 다짐하기 ⏻ **활동1. 사회정서학습 규칙 세우기(7분)** ◆각 규칙을 하나씩 확인하고, 빈칸에 알맞은 낱말 맞추기 `학습지 1-1` ◆규칙을 완성하면 학급 전체가 가슴에 손을 얹고 소리 맞추어 규칙을 읽기 ◆규칙을 지키겠다는 서명하기 **유의점: 사회정서학습 규칙은 교과수업 시간에도 적용될 수 있음을 안내한다.** ⏻ **활동2. 학교와 공공시설에서 알맞은 행동 알아보기(10분)** ◆그림카드 속 이야기 듣기 `교사자료 1-1` ~ `교사자료 1-6` – 오늘은 주인공인 '나'의 생일이죠. 학교에서는 무엇을 하는 날인가요? – 교실에 도착한 '나'는 민호와 어떤 행동을 했나요? (이렇게 하면 어떤 피해가 생길까요?) – 학교나 교실에서 서로의 기분을 상하게 하거나 위험한 행동들은 또 무엇이 있을까요? (그런 행동은 어떻게 바꾸면 더 좋을까요?) – 박물관에서 전시품을 볼 때, '나'의 행동 중에서 눈살을 찌푸리게 한 것을 찾아볼까요? (이런 행동은 왜 문제가 되나요?)

	– 야외 동물원에서 내가 잘못한 행동은 무엇일까요? (쓰레기는 어떻게 처리해야 하나요?)
	   – 식당에서 가족이 잘못한 행동은 무엇일까요? 여러분은 어땠나요?
	
	🔘 **활동3. 에티켓 다짐하기(10분)**
	  ◆ 실천을 다짐하는 에티켓을 손바닥 그림으로 표현하기
	
	A4용지에 손바닥 본뜨기
	  – 손가락: 학교, 식당, 아파트, 박물관에서 지켜야 할 일 하나씩 쓰기
	  – 손바닥: 이름 쓰기

정리
(3′)
	🔘 **정리하기**
	   – 오늘은 여러 장소에서 지켜야 할 규칙을 알아보았어요. 오늘 배운 규칙을 알려 주고 싶은 사람이 있다면 누구인지, 그 이유와 함께 말해 봐요.
	
	🔘 **나누기**
	   – 손바닥 그림에 적은 에티켓을 가족들과 이야기 나눠 보고, 일주일 동안 공공장소나 학교에서 실천하고 일기에 써 보세요.

사회정서학습 규칙

학습지
1-1

학년   반   이름

사회정서학습 시간에 친구들이 나눈 이야기는 잊-! ⬜⬜로 해요!

'나의 마음에 집중하기' 활동에서는 ⬜을 감고, ⬜을 깊게 쉬며 나의 마음을 차분하게 해요!

선생님이 말씀하시거나 친구가 발표할 때는, 예쁜 눈, 예쁜 입, 종긋 ⬜! 선생님(친구)을 향해!

친구의 말과 행동을 존중하는 마음을 가지기! 나의 의견을 솔직하고 분명하게 말하기!

선생님께서 ⬜⬜⬜! 활동 끝! 하시면, 활동을 멈추고 예쁜 손, 무릎에 예쁜 손,

저 (   )은(는) 위 규칙을 잘 지킬 것을 약속합니다!

20   년   월   일   서명

학교와 공공시설에서 지켜야 할 일 알아보기

 오늘은 내 생일입니다. 학교에서는 현장체험학습을 가는 날이기도 합니다. 현장체험학습을 다녀와서 우리 가족은 외식하기로 하였습니다.

학교와 공공시설에서 지켜야 할 일 알아보기

　　교실에 도착해서 짝꿍인 은서에게 "나 오늘 생일이야!" 하고 말했습니다. 그랬더니 옆에서 듣고 있던 민호가 "어! 난 지난달에 생일이었는데! 너 내 동생이구나! 오빠라고 불러." 하며 놀렸습니다. "뭐라구! 너 거기 서!" 나는 도망가는 민호를 잡기 위해 교실의 책상과 사물함을 피해 가며 이리저리 뛰었습니다. 결국 민호를 잡았더니 민호는 "야, 미안, 미안. 축하해!" 하며 웃었습니다. 역시 민호는 장난꾸러기입니다.

학교와 공공시설에서 지켜야 할 일 알아보기

　　오늘 현장체험학습은 박물관 관람과 동물원 구경입니다. 박물관에는 우리나라의 전통 물건이 전시되어 있습니다. 와! 처음 본 물건들이 신기했습니다. 그중에서 저 앞의 푸른색 도자기가 눈에 띄었습니다. '우와~ 빨리 달려가서 봐야지!' 나는 빨리 보고 싶은 마음에 도자기까지 한숨에 달려가서 도자기를 만져봤습니다. "은지야, 이거 만지면 안 된대." 친구의 말에 나는 손을 주머니에 넣었습니다.

　　고개를 돌리니 근사한 왕관이 보였습니다. 나는 더 자세히 보고 싶어서 가까이 다가가다가 유리에 머리를 부딪쳤습니다. 친구들과 나는 깔깔깔 웃었습니다. 그리고는 박물관 여기저기를 달려 다니며 전시품을 신나게 보았습니다.

학교와 공공시설에서 지켜야 할 일 알아보기

박물관을 관람하고, 바깥 동물원으로 나왔습니다. 동물들을 보고 돌아다니니 다리도 아프고 배도 고팠습니다.

"간식 시간입니다!"

선생님의 말씀에 가방에서 과자를 꺼내서 먹는데 목이 말랐습니다. 그래서 음료수를 꺼내려고 과자 봉지를 잠시 바닥에 내려두다가 과자가 쏟아져 버렸습니다.

"어라! 이걸 어쩌지."

나는 못 본 체하고 가방을 싸서 친구들을 따라 동물을 보러 갔습니다.

학교와 공공시설에서 지켜야 할 일 알아보기

저녁이 되어 드디어 가족들과 생일 기념 외식을 하러 갔습니다.

"엄마, 배고파요!"

우리는 식당에 도착했습니다.

동생이 밥을 안 먹고 놀다가 테이블에 놓인 엄마 휴대전화를 보고 동영상을 틀어 달라고 했습니다.

"엄마! 소리가 안 들려!"

엄마는 휴대전화 소리를 크게 키워 주었습니다. 엄마가 휴대전화 소리를 크게 키워 준 덕분에 맞은편에 앉은 나도 어떤 노래가 나오는지 알 수 있어 참 좋았습니다.

그러던 중, 동생이 화장실을 가고 싶다고 일어서서는 우다다다 뛰어서 화장실을 다녀왔습니다.

'아! 재미있겠다!'

나도 동생을 잡으러 뛰어 갔습니다.

"잡았다! 우리 숨바꼭질할래? 나 먼저 숨는다!"

물을 가져다주시던 아주머니와 부딪힐 뻔했지만 다행히 잘 피하며 놀 수 있었습니다.

학교와 공공시설에서 지켜야 할 일 알아보기

집에 돌아와 개운하게 씻고는 부모님이 주신 선물을 열어 보고, 오늘 현장체험학습에서 있었던 일을 엄마 아빠에게 이야기해 주었습니다.

아! 오늘 나는 정말 행복한 하루를 보냈습니다!

1~2학년
습관형성

2. 오늘 내가 할 일

🔽 학습목표

1. 계획의 의미를 알 수 있다.
2. 등교 전, 하교 후에 하는 일들을 말할 수 있다.
3. 학교에서 내가 해야 하는 일을 말할 수 있다.

🔽 활동개요

단계	활동	준비물
도입	• 나의 마음에 집중하기 • 전시학습 상기 및 동기 유발하기 • 공부할 문제 안내하기	〈교사〉 명상곡, PPT 저-2
전개	• 활동1: 등교 전 내가 하는 일 알아보기 • 활동2: 하교 후 내가 하는 일 알아보기 • 활동3: 학교에서 내가 해야 하는 일 알아보기	〈교사〉 PPT 저-2 〈학생〉 학습지 2-1, 학습지 2-2, 포스트잇(1인당 3장)
정리	• 정리 및 나누기	• 게시판 활용

🔽 지도상 유의점

- 계획과 할 일 적기를 동일한 개념으로 설명한다.
- 할 일은 글로 적거나 하는 모습을 그리거나 할 일을 상징하는 물건을 그림으로 표현할 수 있다(예: 이를 닦는 모습 또는 칫솔을 그리기).
- 일반적으로 하는 일 이외에 가정에서 학생들이 특별히 하는 일이 있는지 생각해 보도록 격려한다.

🔽 학부모 알림장

다음 내용을 학급 홈페이지 알림장에 올려, 오늘 배운 내용을 가정에서도 연습할 수 있도록 합니다.

- 오늘 매일 등교 전, 학교에서, 하교 후에 내가 해야 하는 일들에 대해 배웠습니다. 오늘의 할 일 체크리스트 등을 통해 자녀들이 스스로 해야 하는 일을 찾아 하고, 자신이 할 일을 했는지 점검할 수 있도록 도와주십시오.

단계	학습 과정
도입 (7′)	⏻ 나의 마음에 집중하기 명상곡 ⏻ 전시학습 상기하기: 공부한 내용 및 과제 확인하기 ⏻ 동기 유발하기 ◆동영상 감상하기: 유튜브 〈뽀로로의 하루〉 (4분 37초) 　－뽀로로도 하루 동안 많은 일들을 하고 있지요. 우리는 매일 어떤 일들을 하고 있나요? ⏻ 공부할 문제 안내하기 　매일 내가 할 일들을 알아봅시다.
전개 (29′)	⏻ 학습순서 안내하기(1분) 활동1. 등교 전 내가 하는 일 알아보기 활동2. 하교 후 내가 하는 일 알아보기 활동3. 학교에서 내가 해야 하는 일 알아보기 ⏻ **활동1. 등교 전 내가 하는 일 알아보기(8분)** 　－(다양한 모양의 계획표를 보여 주면서) 언니, 오빠 그리고 형, 누나들이 방학을 하면 이렇게 할 일을 계획표에 적어요. 본 적 있나요? 또 다른 모양의 계획표를 본 적 있나요? 사람들은 왜 계획표를 만들까요? ◆계획의 의미 알기 　계획: 앞으로 할 일을 미리 생각해서 정하는 것 ◆계획을 세우는 이유, 할 일을 적어 두는 이유 말해 보기 　－할 일을 적어 두면 해야 할 일을 빠뜨리지 않고 할 수 있어요. ◆등교 전 내가 하는 일 알아보기 　－등교 전 내가 하는 일을 말해 볼까요? ◆매일 아침 하는 일을 순서대로 글 또는 그림으로 표현하기 학습지 2-1 ⏻ **활동2. 하교 후 내가 하는 일 알아보기(8분)** 학습지 2-2 ◆매일 학교를 마친 후 잠자리에 들기 전까지 내가 하는 일을 표현하기 　－학교를 마친 후 저녁시간 전까지 무엇을 하나요? 어디를 가나요? 저녁시간부터 잠들기 전까지 무엇을 하나요? 학습지에 글 또는 그림으로 표현해 봅시다. ◆매일 아침 내가 하는 일과 하교 후 잠자리에 들기 전까지 하는 일을 자유롭게 발표하기 ◆다른 친구들의 발표를 들으며 떠오른 할 일들을 추가로 글과 그림으로 표현하기(빈칸 혹은 네모 사이에 넣기)

	⏻ 활동3. 학교에서 내가 해야 하는 일 알아보기(12분) 포스트잇 〈활동 순서〉 1. 매일 학교에 와서 우리가 해야 하는 일 세 가지를 포스트잇 1장에 하나씩 적어 보기 2. 다 쓴 친구들은 칠판에 포스트잇을 붙이기 3. 교사가 범주화 과정을 거쳐 몇 가지로 정리하기 4. 다 함께 읽어 보기 **유의점: 학교에서 내가 해야 하는 일을 학급 게시판에 게시하여 학생들이 체크리스트로 활용할 수 있게 한다.**
정리 (4′)	⏻ 정리하기 – 해야 할 일을 적어 두면 중요한 일을 잊어버리지 않을 수 있어요. 그래서 사람들은 할 일을 종이에 적고, 계획을 세운답니다. 우리도 꼭 해야 하는 일들을 적어 두고 확인하면서 스스로 해 봅시다. ⏻ 나누기 – 오늘 만든 나의 할 일 목록을 여러분 집에도 적어 두고 매일 한 일에 동그라미 표시를 하세요. 학교에서 해야 할 일들은 학급 게시판을 보면서 매일 점검하세요.

등교 전에 하는 일

학년   반   이름

🔔 등교 전에 하는 일을 순서대로 네모 안에 글로 쓰거나 그림으로 표현해 주세요.

하교 후에 하는 일

학년　　　반　　　이름

🔔 하교 후에 하는 일을 순서대로 네모 안에 글로 쓰거나 그림으로 표현해 주세요.

| 1~2학년 자기이해 | 3. 강점 나무 |

🔽 학습목표

1. 강점의 의미를 알 수 있다.
2. 나의 강점을 찾을 수 있다.
3. 친구의 강점을 찾을 수 있다.

🔽 활동개요

단계	활동	준비물
도입	• 나의 마음에 집중하기 • 전시학습 상기 및 동기 유발하기 • 공부할 문제 안내하기	〈교사〉 명상곡, PPT 저-3
전개	• 활동1: 강점의 의미 알기 • 활동2: 나의 강점 찾기 • 활동3: 친구의 강점 찾기	〈교사〉 PPT 저-3 〈학생〉 학습지 3-1, 3-2, 　　　　　풀 또는 테이프
정리	• 정리 및 나누기	

🔽 지도상 유의점

● 사과 모양 강점 열매 대신 여러 가지 색의 붙임쪽지(포스트잇)를 활용할 수 있다.

🔽 학부모 알림장

다음 내용을 학급 홈페이지 알림장에 올려, 오늘 배운 내용을 가정에서도 연습할 수 있도록 합니다.

● 오늘 강점에 대해 배웠습니다. 자녀가 자신에 대해서 어떤 점을 강점이라고 생각하고 있는지 이야기 나눠 주세요.

단계	학습 과정
도입 (5′)	⏻ **나의 마음에 집중하기** 명상곡 ⏻ **전시학습 상기하기:** 공부한 내용 및 과제 확인하기 ⏻ **동기 유발하기** ◆노래 부르기: 동요 〈넌 할 수 있어라고 말해 주세요〉 (2분 34초) ⏻ **공부할 문제 안내하기** 나의 강점과 친구의 강점을 찾아봅시다.
전개 (30′)	⏻ **학습순서 알기(1분)** 활동1. 강점의 의미 알기 활동2. 나의 강점 찾기 활동3. 친구의 강점 찾기 ⏻ **활동1. 강점의 의미 알기(1분)** – 〈넌 할 수 있어라고 말해 주세요〉 노래에서처럼 내가 잘할 수 있다고 생각하고 행동하는 것을 강점이라고 합니다. 나의 강점이라고 생각하고 행동하면 어떤 일을 할 때 더 재미있다고 느끼고 더 자신감 있게 행동할 수 있습니다. 강점: 잘할 수 있다고 생각하고 행동하는 것 ⏻ **활동2. 나의 강점 찾기(13분)** ◆강점을 찾는 방법 알기 〈강점을 찾는 방법〉 1. 나의 자랑거리 생각해 보기 2. 어려운 일을 해낸 경험 생각해 보기 3. 부모님께서 칭찬해 주신 일 생각해 보기 4. 선생님께서 칭찬해 주신 일 생각해 보기 5. 내가 잘하는 것이 무엇인지 생각해 보기 ◆나의 강점 발표하기 **예) 저는 줄넘기를 100개 할 수 있습니다.** 　　**저는 종이접기로 무엇이든지 만들 수 있습니다.** 　　**저는 어떤 음식이든지 잘 먹습니다.** ◆나의 강점을 진한색 사과에 쓰고 강점 나무에 붙이기 학습지 3-1 학습지 3-2 – 학습지 3-1 에 나의 강점 나무를 만들어 봅시다. 강점 나무 기둥에 있는 네모 모양 빈 칸에 자기 이름을 쓰세요.

－ 학습지 3-2 에 사과가 여러 개 있어요. 진한 색 사과에 자신의 강점을 생각나는 대로 씁니다. 강점을 쓴 친구는 사과를 오려서 학습지 3-1 의 강점 나무에 붙이세요.

유의점: 학생들의 생활에서 강점을 찾을 수 있도록 한다. 가정생활, 학교생활, 타 집단에서의 생활로 영역을 구분하거나 가족, 친구, 사물, 동물, 식물 등과 관련된 강점을 찾을 수도 있다.

⏻ 활동3. 친구의 강점 찾기(15분) 학습지 3-1 학습지 3-2

◆ 하얀색 사과 오리기

◆ 교실을 돌아다니다가 교사의 신호가 들리면 그 자리에 멈추어 서기

◆ 자신과 가장 가까이에 있는 친구의 강점 찾기

◆ 친구의 강점을 하얀색 사과에 쓰고 친구의 강점 나무에 붙여 주기

> 예) ○○은 친구에게 준비물을 잘 빌려 줍니다.
> ○○은 달리기를 잘합니다.
> ○○은 자기 자리 청소를 잘합니다.
> ○○은 계산을 빠르게 잘합니다.

유의점: 사소한 것일지라도 자신이 알고 있는 친구의 강점을 쓰도록 한다. 친구의 강점을 찾기 어려울 경우 친구가 잘하는 것이 무엇인지 질문할 수 있다.

⏻ 정리하기

－ 나의 강점을 찾으면서 알게 된 점이 있나요?

－ 친구의 강점을 찾으면서 알게 된 점이 있나요?

－ 강점 찾기 활동을 하면서 어떤 생각이 들었나요?

－ 오늘은 내가 잘 할 수 있다고 생각하는 강점에 대해서 배웠어요. 자신의 강점을 알면 어떤 일을 할 때 더 재미있다고 느끼고 더 자신감 있게 행동할 수 있어요.

⏻ 나누기

－ 오늘 찾은 자신의 강점을 가족들 앞에서 소개해 보세요. 그리고 가족들과 함께 자신의 강점을 더 찾아보세요. 강점을 더 찾으면 강점 나무에 붙이거나 써 주세요.

유의점: 강점 나무를 학급 내 작품 게시판에 전시하거나 가정에서 전시하고 활용할 수 있도록 안내한다.

정리
(5′)

강점 나무

학년   반   이름

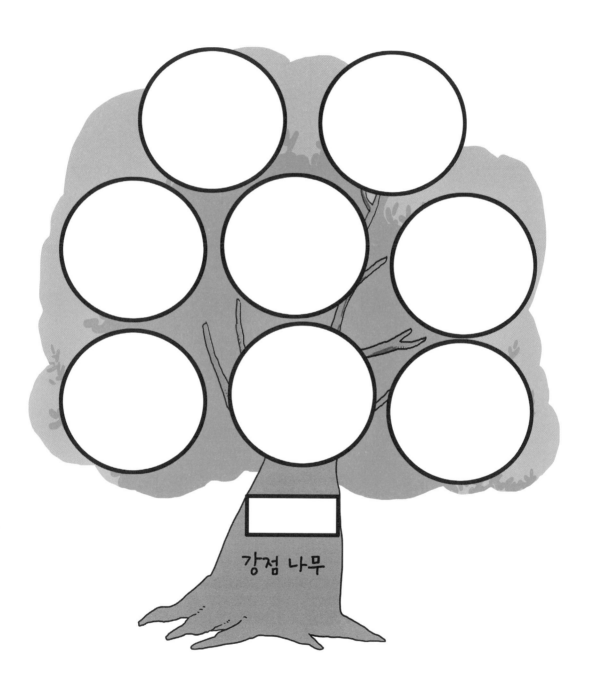

강점 열매

학년   반   이름

※ 사과 모양 강점 열매는 복사한 다음 가위로 오려서 사용할 수 있어요.

1~2학년 감정		**4. 즐겁고 신나는 감정**

🔽 학습목표

1. 감정의 의미를 알 수 있다.
2. 즐겁고 신나는 감정을 느꼈던 경험을 말할 수 있다.
3. 주변 사람들과 자신의 감정에 대해 이야기를 나눌 수 있다.

🔽 활동개요

단계	활동	준비물
도입	• 나의 마음에 집중하기 • 전시학습 상기 및 동기 유발하기 • 공부할 문제 안내하기	〈교사〉명상곡, PPT 저−4
전개	• 활동1: 노래 속에 숨겨진 감정 찾기 • 활동2: 즐겁고 신나는 감정 찾기(모둠) • 활동3: 즐겁고 신나는 감정 표현하기	〈교사〉PPT 저−4 〈학생〉학습지 4−1, 퍼니콘, 물(모둠별로 1접시)
정리	• 정리 및 나누기	• 학급 내 공간 활용

🔽 지도상 유의점

- 퍼니콘 대신 아이클레이나 천사점토 등과 같은 만들기 재료를 사용할 수 있다.
- 활동2가 시작되면 퍼니콘(물을 묻히면 접착력이 생기는 재료)을 나눠 주고, 모둠별로 접시에 물을 따라 준다.
- 만들기 재료가 없을 경우, 학습지에 색칠하거나 도화지에 그림을 그리는 활동으로 대신할 수 있다.

🔽 학부모 알림장

다음 내용을 학급 홈페이지 알림장에 올려, 오늘 배운 내용을 가정에서도 연습할 수 있도록 합니다.

- 오늘은 감정에 대해 배웠습니다. 자녀가 하루 동안 어떤 감정을 느꼈는지 들어 주세요. 자녀가 하는 이야기에 귀를 기울여 주시고 긍정적 표현을 사용하여 따뜻한 대화를 이끌어 주세요. 자녀가 자신의 감정을 표현하는 것은 친구 관계나 학업에도 긍정적인 영향을 미칩니다.
  예) 오늘 학교에서 제일 신나는 일이 무엇이었니? 엄마는 우리 준영이가 학교에서 어떤 신나는 일이 있었을지 무척 기대된다.

단계	학습 과정
도입 (5′)	⏻ **나의 마음에 집중하기** 명상곡 ⏻ **전시학습 상기하기**: 공부한 내용 및 과제 확인하기 ⏻ **동기 유발하기** ◆동영상 감상하기: 유튜브 지니키즈 〈춤추는 펭귄 또니: 기쁨〉 (3분) 　－펭귄 또니는 혼자 외롭게 있다가 친구들과 놀게 되었을 때 어떤 감정이었을까요? ⏻ **공부할 문제 안내하기** 　감정이 무엇인지 알아봅시다.
전개 (30′)	⏻ **학습순서 안내하기(1분)** 활동1. 노래 속에 숨겨진 감정 찾기 활동2. 즐겁고 신나는 감정 찾기 활동3. 즐겁고 신나는 감정 표현하기 ⏻ **활동1. 노래 속에 숨겨진 감정 찾기(8분)** 　－우리가 어떤 사람이나 일에 대해 느끼는 기분이나 마음의 움직임을 감정이라고 합니다. 노래를 들으면서 어떤 기분이 드는지 생각해 보세요. ◆〈아기염소〉 노래를 듣고 자신의 기분을 말하기 　－이 노래를 듣고 어떤 기분이 들었나요? 슬프고 얼굴을 찌푸리게 하는 불편한 감정도 들었을 거고 신나고 즐거운 편안한 감정도 느꼈을 거예요. 이렇게 감정에는 불편한 감정도 있고 편안한 감정도 있어요. 그중에서 오늘은 즐겁고 신나는 편안한 감정에 대해서 생각해 봐요. ⏻ **활동2. 즐겁고 신나는 감정 찾기(10분)** 퍼니콘 및 물접시 　－다른 사람이 끌어 주는 눈썰매를 탔을 때, '마음껏 놀아라'라는 말을 들었을 때, 내가 가고 싶은 곳에 놀러 갔을 때 등과 같이 즐겁고 신났던 일이 있을 거예요. 친구들과 즐겁고 신났던 일에 대해 이야기 나눠 보세요. ◆[모둠] 즐겁고 신났던 일에 대해 친구와 이야기하기 ◆즐겁고 신나는 감정 찾기 학습지 4-1 　－각자 가장 즐겁고 신났던 일을 쓰고, 얼마나 즐겁고 신났는지 표현해 보세요. 지금까지 있었던 일 중에서 가장 즐겁고 신나는 일이었다면 퍼니콘을 5개 붙이고, 조금 즐겁고 신나는 일이라면 정도에 따라 한두 개의 퍼니콘을 붙이면 돼요. **유의점: 모둠활동을 통해 자신이 미처 생각하지 못했던 즐겁고 신났던 일을 떠올려 보도록 안내한다. 또한 즐겁고 신나는 감정의 강도를 표현할 때는 다음 그림과 같이 다양한 형태로 표현할 수 있다.**

활동 중

학생작품 1

학생작품 2

학생작품 3

⏻ 활동3. 즐겁고 신나는 감정 표현하기(12분)

◆ 가장 즐겁고 신났던 경험을 떠올리며, 남은 퍼니콘으로 작품 만들기

유의점: 학생작품은 학급에 전시하여, 쉬는 시간에 이야기 나눌 수 있도록 한다.

학생작품 1

학생작품 2

학생작품 3

| 정리
(5`) | ⏻ 정리하기
　－우리는 편안한 감정 중에서 즐겁고 신나는 경험에 대해서 이야기를 나누고, 그중에서 가장 신
　났던 감정을 표현해 봤어요. 쉬는 시간에 모둠원이 아닌 다른 친구들에게도 나에게 즐겁고 신나
　는 일이 무엇인지 설명해 주세요. 그리고 친구들에게 신나는 일이 무엇인지 묻고 들어 보세요.

⏻ 나누기
　－집에 가면 가족들과 함께 오늘 하루 어떤 일들이 있었고, 그때의 기분이 어땠는지 이야기 나눠
　보세요. |

즐겁고 신나는 감정 찾기

학년   반   이름

● 즐겁고 신났던 경험을 적어 보세요. 얼마만큼 즐겁고, 신났는지 동그라미에 퍼니콘을 붙여 보세요.

예) 내 생일 때 친구들이 놀러 왔다.

정말 즐겁고 신났어요		즐겁고 신났어요		조금 즐겁고 신났어요

1. _____

2. _____

3. _____

* 퍼니콘 대신 아이클레이나 천사점토 등을 쓸 수 있어요. 재료가 없을 경우, 색연필로 동그라미를 채워 보세요.

● 남은 퍼니콘으로 가장 신났던 경험을 떠올리며, 작품을 만들어 보세요.

1~2학년 공감

5. 마음을 비추는 표정

🔽 학습목표

1. 상대방의 표정에 정보가 담겨 있음을 알 수 있다.
2. 상대방의 표정을 보고 반응하는 방법을 알 수 있다.
3. 상대방의 표정을 보고 마음을 읽어 줄 수 있다.

🔽 활동개요

단계	활동	준비물
도입	• 나의 마음에 집중하기 • 전시학습 상기 및 동기 유발하기 • 공부할 문제 안내하기	〈교사〉 명상곡, PPT 저−5
전개	• 활동1: 표정으로 마음 알기 • 활동2: 표정을 보고 반응하는 방법 • 활동3: 친구의 표정에 반응하기 [공간 배치]	〈교사〉 PPT 저−5(음악자료) 〈학생〉 학습지 5−1, 　　　　개인별 스티커 10장 이상
정리	• 정리 및 나누기	

🔽 지도상 유의점

- [공간 배치] 전체 활동을 위해 책상을 밀어 공간을 확보한다.
- 이 활동은 공감과 관련된 활동이지만 '공감'이라는 용어 대신 '마음을 알아주는 말'로 쉽게 풀어 사용한다.

🔽 학부모 알림장

다음 내용을 학급 홈페이지 알림장에 올려, 오늘 배운 내용을 가정에서도 연습할 수 있도록 합니다.

- 오늘 표정을 통해 상대방의 마음을 알아주는 공부를 했습니다. 가정에서도 생활 속에서 자녀의 표정을 보고 마음을 읽어 주는 활동을 함께 해 주세요.
  예) 너의 표정을 보니 마음이 많이 슬프구나!

단계	학습 과정
도입 (5′)	⏻ 나의 마음에 집중하기 명상곡 ⏻ 전시학습 상기하기: 공부한 내용 및 과제 확인하기 ⏻ 동기 유발하기 ◆ 동영상 감상하기: EBS 다큐프라임 〈표정의 비밀〉 1부 (9분 25초~11분 14초) ⏻ 공부할 문제 안내하기 표정을 통해 마음을 알아봅시다.

전개
(30′)
	⏻ 학습순서 안내하기(1분)
	    활동1. 표정으로 마음 알기
	    활동2. 표정을 보고 반응하는 방법
	    활동3. 친구의 표정에 반응하기
	
	⏻ 활동1. 표정으로 마음 알기(8분)
	  –우리는 상대방의 표정과 행동을 통해 무엇을 알 수 있습니까? 네. 말하는 사람의 표정과 행동을 통해 그 사람의 마음을 알 수 있습니다.
	  –화면에 나오는 인물의 표정으로 보아 어떤 마음일 것 같습니까?
	    ① 기쁜 ② 슬픈 ③ 놀란 ④ 화난 ⑤ 두려운 ⑥ 당황한
	  –그렇게 생각한 까닭은 무엇입니까?
	  유의점: 학습지 5-1 을 활용하여 수업할 수도 있다.
	
	⏻ 활동2. 표정을 보고 반응하는 방법(4분)
	  –친구의 표정을 보고 마음을 알았다면 나는 어떻게 반응해야 할까요?
	  –대화를 할 때 듣는 사람의 반응은 대화의 분위기를 좋게 합니다. 말하는 사람이 고개를 끄덕일 때 함께 고개를 끄덕여 주고, 말하는 사람이 슬픈 표정을 지을 때 함께 슬픈 표정을 지어 주세요. 말하는 사람의 표정과 행동을 비슷하게 따라 하면서 친구의 마음을 읽어 주면 편안한 대화를 할 수 있습니다.
	  유의점: 교사는 참고자료의 〈상대의 마음을 여는 경청 대화법〉(13초~2분 5초)을 참고하여 지도한다.
	
	⏻ 활동3. 친구의 표정에 반응하기(17분) 음악자료
	  –노래가 멈추면 친구의 표정과 행동을 똑같이 따라 하며 마음을 알아주는 말을 해 봅시다.
	
	  〈활동 순서〉
	  1. 학생들은 스티커를 10개 정도씩 들고 두 개의 원(◎)모양으로 선다.
	  2. 안쪽 원(A)과 바깥쪽 원(B)의 짝끼리 마주 보고 선다.
	  3. 음악에 맞추어 자유롭게 손뼉치기를 한다.
	  4. 음악이 멈추면 A는 짝에게 마음이 드러나는 표정을 짓는다.

	5. B는 짝의 표정을 똑같이 따라 한 후(조건1), 짝의 마음을 알아주는 말(조건2)(예: "너 지금 슬프구나!")을 한다.
	6. B가 정확히 마음을 알아주었으면 A는 스티커를 팔에 붙여 준다.
	7. 음악이 다시 시작되면 노래에 맞추어 손뼉을 치다가 음악이 멈추면 반대로 B가 행동하고 A가 대답한다.
	8. B가 오른쪽으로 한 칸씩 이동하면서 짝을 바꾸고 게임을 반복한다.
	유의점: 조건 1, 2를 모두 수행해야 하며, 스티커를 옷에 붙여 줄 때는 소매에 붙이도록 한다. 활동에 필요한 음악 자료가 PPT에 링크되어 있으나, 다른 음악으로 대체할 수 있다.
정리 (5´)	⏻ **정리하기** – 기쁨을 나누면 두 배가 되고, 슬픔을 나누면 절반이 되지요. 상대방의 표정을 보고 그 마음을 잘 읽어 준다면, 그 사람과 더 좋은 관계를 맺을 수 있습니다. ⏻ **나누기** – 일주일 동안 친구의 표정을 잘 살펴보고 마음을 읽어 주세요. 친구의 기쁨에 함께 기뻐해 주고, 친구의 슬픔은 함께 슬퍼하거나 위로해 주세요.

마음을 비추는 표정

학년   반   이름

🔔 다음 인물의 표정으로 보아 어떤 마음일 것 같나요?

─── 〈보기〉 ───

| 두려운 | 기쁜 | 화난 | 놀란 | 당황한 | 슬픈 |

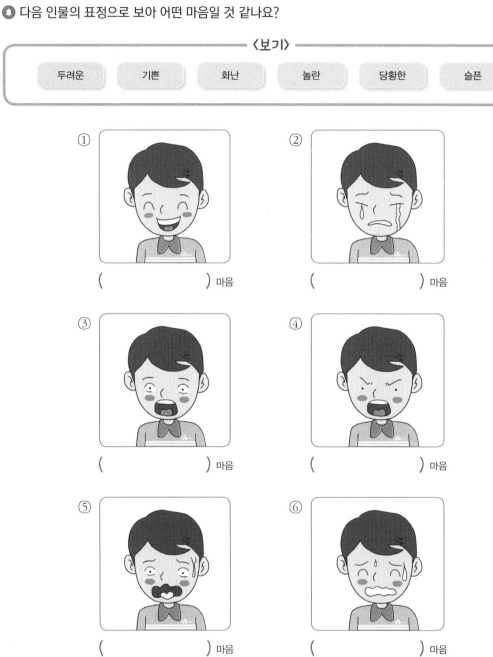

① (   ) 마음

② (   ) 마음

③ (   ) 마음

④ (   ) 마음

⑤ (   ) 마음

⑥ (   ) 마음

6. 화가 날 때는 멈춰요

⬇ 학습목표

1. 화가 날 때 멈춤의 중요성을 알 수 있다.
2. 긍정적 감정과 부정적 감정을 구분할 수 있다.
3. 화를 진정시키기 위해 잠깐 멈출 수 있다.

⬇ 활동개요

단계	활동	준비물
도입	• 나의 마음에 집중하기 • 전시학습 상기 및 동기 유발하기 • 공부할 문제 안내하기	〈교사〉 명상곡, PPT 저−6
전개	• 활동1: 화가 날 때 멈춤의 중요성 알기 • 활동2: '내 마음의 신호등' 알아보기 • 활동3: 화를 멈추는 방법 알아보기(모둠)	〈교사〉 PPT 저−6 〈학생〉 학습지 6−1, 학습지 6−2
정리	• 정리 및 나누기	

⬇ 지도상 유의점

● 화가 나거나 불편한 감정이 생길 때는 어떤 행동을 하는 것보다 잠시 멈춰 생각해 보는 시간을 갖는 것이 중요함을 강조한다.
● 감정을 다뤘던 4, 5차시 내용을 떠올리며 감정 단어들을 자유롭게 발표하게 한다.
● 화가 날 때 멈추는 방법들을 실제로 해 볼수록 유사한 상황에서 그 행동을 할 수 있다. 반복해서 연습해야 한다.

⬇ 학부모 알림장

다음 내용을 학급 홈페이지 알림장에 올려, 오늘 배운 내용을 가정에서도 연습할 수 있도록 합니다.

● 화 혹은 불편한 감정은 어떤 행동을 섣불리 하기보다 잠시 멈춰 생각해야 한다는 신호를 주는 '내 마음의 빨간 신호등'임을 배웠습니다. 또한 화가 났을 때 나를 멈추게 하고 진정시키는 방법들을 생각해 보았습니다. 가정에서도 자녀들이 화가 났을 때 잠시 멈출 수 있도록 도와주시고, 부모님이 화가 날 때 마음을 진정시키는 방법을 자녀들과 공유해 주세요.

단계	학습 과정

도입
(5′)
	⏻ 나의 마음에 집중하기 명상곡
	
	⏻ 전시학습 상기하기: 공부한 내용 및 과제 확인하기
	
	⏻ 동기 유발하기
	◆ 노래 부르기: 유튜브 〈신호등 송〉 (1분 4초)
	  - 신호등의 빨간불이 차나 사람을 멈추게 해서 사고를 막는 것처럼 우리 마음에도 '멈춰'를 외
	    치는 감정들이 있습니다.
	
	⏻ 공부할 문제 안내하기
	
	  화가 날 때 화를 멈추는 방법을 알아봅시다.

전개
(31′)
	⏻ 학습순서 안내하기(1분)
	활동1. 화가 날 때 멈춤의 중요성 알기
	활동2. '내 마음의 신호등' 알아보기
	활동3. 화가 날 때 멈추는 방법 알아보기
	
	⏻ 활동1. 화가 날 때 멈춤의 중요성 알기(5분)
	◆ 화가 날 때 내가 하는 행동을 큰 소리로 말해 보기
	  예) 친구를 때린다, 소리를 지른다, 운다, 선생님께 이른다
	◆ 공격적 행동의 결과 말해 보기
	  - 신문이나 뉴스에도 사람이 누군가를 때려서 경찰서에 잡혀 갔다는 폭행 사건의 기사가 자주
	    나와요. 그 사람들에게 왜 그랬냐고 물어보면 화가 나서 그랬다고 하는 경우가 있어요. 잠시
	    만 멈춰 생각하면 다른 해결책이 있을 수 있는데요. 우리 마음은 우리에게 "멈춰!"라는 신호
	    를 보내고 있답니다.
	
	⏻ 활동2. '내 마음의 신호등' 알아보기(9분) 학습지 6-1
	  - (감정 이모티콘을 보여 주며) 사람에게는 여러 가지 감정이 있죠? 여러분이 알고 있는 감정에
	    는 어떤 것들이 있나요? 이 중에서 여러분을 편안하게 하는 감정과 불편하게 하는 감정들에는
	    무엇이 있나요?
	◆ 신호등의 의미를 생각하며 빨간색에는 불편한 감정을, 초록색에는 편안한 감정 적어 보기
	  예) 불편한 감정: 슬프다, 불행하다, 우울하다, 화나다, 속상하다 등
	    편안한 감정: 행복하다, 기쁘다, 즐겁다, 상쾌하다, 활기차다 등
	  - 불편한 감정들은 우리가 잘 관리하면 나쁜 감정은 아니에요. 하지만 불편한 감정들은 우리
	    에게 잠시 "멈춰!"라는 신호를 보내요. 불편한 감정 중에 화가 날 때는 더더욱 "멈춰!"야 해요.

	⏻ 활동3. 화를 멈추는 방법 알아보기(16분) 학습지 6-2 ◆ [모둠] 화가 날 때 나를 멈추게 하고 진정시키는 말이나 행동을 글과 그림으로 표현해 보기 **예) 입김을 내불면서 숨을 크게 쉬어 보기, 양손 손가락을 마주해 보기** **유의점: 모둠 대표가 발표하고, 다른 모둠에서 발표한 좋은 방법들을 학습지에 추가로 기록하게 한다.**
정리 (4′)	⏻ 정리하기 – 화가 난다는 건 우리 마음에 빨간색 신호등이 켜진 것과 똑같아요. 마음속에서 "멈춰!"라고 여러분에게 말해 줍니다. 선생님이 "화가 날 때" 하고 말하면 여러분은 "멈춰!"라고 큰 소리로 말해 볼까요? – 빨간색 신호등이 켜졌을 때 멈추지 않으면 사고가 날 수 있어요. 화가 날 때는 오늘 배운 방법들을 떠올려 꼭 해 보도록 합시다. ⏻ 나누기 – 오늘 배운 방법을 주변 사람들과 이야기해 보세요. 그리고 일주일 동안 내 마음에 빨간색 신호등이 켜질 때 이런 방법들을 써 보기로 해요.

내 마음의 신호등

학년   반   이름

🔔 신호등의 의미를 생각하며 빨간색에는 불편한 감정을, 초록색에는 편안한 감정을 적어 보세요.

불편한 감정

편안한 감정

화가 날 때 나를 멈추게 하고 진정시키는 말이나 행동

학년   반   이름

🔔 화가 날 때 나를 멈추게 하고 진정시키는 말이나 행동을 글과 그림으로 표현해 보세요.

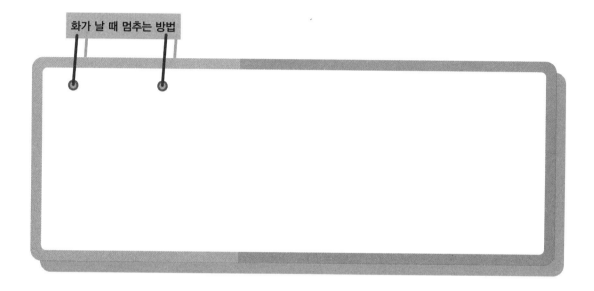

화가 날 때 멈추는 방법

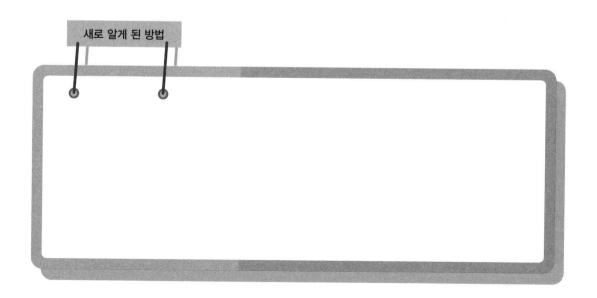

새로 알게 된 방법

□자기인식 □자기관리 ■사회적 인식 ■관계기술 □책임 있는 의사결정

1~2학년
타인존중

7. 내 친구

🔅 학습목표

1. 친구의 의미를 알 수 있다.
2. 개와 고양이가 친구가 될 수 있음을 이해할 수 있다.
3. 달라도 친구가 될 수 있음을 이해할 수 있다.

🔅 활동개요

단계	활동	준비물
도입	• 나의 마음에 집중하기 • 전시학습 상기 및 동기 유발하기 • 공부할 문제 안내하기	〈교사〉명상곡, PPT 저-7
전개	• 활동1: 친구의 의미 알기 • 활동2: 개와 고양이는 친구가 될 수 있을까요? (모둠) • 활동3: 서로 다른 사람도 친구가 될 수 있을까요?	〈교사〉PPT 저-7, 교사자료 7-1, 7-2, 7-3 〈학생〉스케치북
정리	• 정리 및 나누기	• 게시판, 포스트잇 활용

🔅 지도상 유의점

● [공간 배치] 마지막 활동 시에는 책상들을 뒤로 배치하여 넓은 공간을 마련한다.
● 활동3은 시간을 고려하여 질문의 수를 증감하도록 한다.

🔅 학부모 알림장

다음 내용을 학급 홈페이지 알림장에 올려, 오늘 배운 내용을 가정에서도 연습할 수 있도록 합니다.

● 오늘 친구에 대해 배웠습니다. 서로 다른 점들이 있지만 잘 지내는 친구들이 많습니다. 자녀와 친구에 대해 이야기 나눠 주세요.
예) ○○야, 너 혜준이랑 친하지? 그 친구랑 너는 어떤 점들이 같고, 어떤 점들이 다른 것 같아?

단계	학습 과정
도입 (4′)	⏻ 나의 마음에 집중하기 [명상곡] ⏻ 전시학습 상기하기: 공부한 내용 및 과제 확인하기 ⏻ 동기 유발하기 ◆동영상 감상하기: EBS 클립뱅크〈모습이 다른 친구〉 　－둘 사이는 어때 보이나요? 둘은 어떤 사이일까요? 둘이 친구처럼 보이네요. 처음에 검은 토 　　끼 두 마리가 흰 토끼를 만났을 때 어떻게 했나요? 색이 다르다고 놀지 않았어요. 흰 토끼가 　　또다른 검은 토끼 한 마리를 보았을 때 어떻게 됐나요? 함께 간식(야채)을 먹고 둘 다 오이를 　　좋아한다는 것을 알았어요. 이 두 토끼들은 나중에 어떻게 될까요? 네, 친구가 될 것 같아요. ⏻ 공부할 문제 안내하기 　서로 다른 사람과도 친구가 될 수 있는지 알아봅시다.
전개 (32′)	⏻ 학습순서 안내하기(1분) 　활동1. 친구의 의미 알기 　활동2. 개와 고양이는 친구가 될 수 있을까요? 　활동3. 서로 다른 사람과도 친구가 될 수 있을까요? ⏻ 활동1. 친구의 의미 알기(5분) 　－여러분은 친구가 있나요? 어떤 사람을 친구라고 말할까요? 　　친구: 친하게 지내는(어울리는) 사람 ⏻ 활동2. 개와 고양이는 친구가 될 수 있을까요?(12분) ◆개와 고양이가 친구가 될 수 있을지 말해 보기 [교사자료 7-1] 　－우리는 개와 고양이가 함께 잘 지내는 것을 볼 수 있어요. 두 친구의 같은 점과 다른 점을 찾 　　아봅시다. ◆[모둠] 개와 고양이의 같은 점과 다른 점을 찾아 행동으로 표현하기 [교사자료 7-2] [스케치북] 　　〈활동 순서〉 　　1. 모둠원이 토의해 같은 점과 다른 점을 각각 두 가지씩 스케치북에 적기 　　2. 한 모둠이 반 친구들 앞에서 행동으로 표현하기 　　3. 반 친구들은 개와 고양이의 같은 점과 다른 점 맞추기 　　4. 내용을 맞추면 스케치북에 쓰여진 글 보여 주기 　－개와 고양이는 이처럼 서로 다른 점들이 있지만 친구로 함께 잘 지내네요. 　**유의점: 모둠당 한 가지를 발표하고 교사가 다른 점들에 대해 더 보충해 줄 수 있다.**

	⏻ **활동3. 서로 다른 사람과도 친구가 될 수 있을까요?(14분)** 교사자료 7-3
	– 우리 반 친구들과 서로 같은 점 혹은 다른 점이 있는지 살펴봅시다. 선생님이 말한 내용에 나도 그렇다면 왼쪽에, 아니면 오른쪽에 서 주세요.
	◆ 같은 점, 다른 점 ○, × 퀴즈게임하기
	〈활동 순서〉 1. 교사가 교탁 쪽 중앙에 서서 교사자료 7-3 읽기 2. 교사가 말한 내용에 학생이 '나도 그렇다'면 교사의 왼쪽, 아니면 오른쪽으로 이동하기 3. 학생들은 각각 옆 사람과 "좋아, 좋아, 좋아"라고 말하며 세 번 손뼉치기
	유의점: 시간을 고려하여 질문의 수를 증감하도록 한다.
	– 단짝 친구가 있는 사람들은 앞으로 나오세요. 둘의 같은 점은 어떤 게 있나요? 다른 점은 어떤 게 있나요? 서로 같은 점만 있는 게 아니라 이렇게 다른 점들도 있는데 친구가 될 수 있네요.
정리 (4´)	⏻ **정리하기** ◆ 이 시간을 통해 알게 된 점, 느낀 점 발표하기 – 우리 모두는 서로 같은 점뿐만 아니라 다른 점도 많이 가지고 있어요. (우리는 음식, 취미, 성격 등 좋아하는 것들이 달라요.) 우리는 모두 보이는 면과 보이지 않는 면에서 다른 점들을 가지고 있기 때문에 서로 잘 이해해 주어야겠죠. 여러분도 친구와 지내면서 친구를 잘 이해해 주도록 해요. ⏻ **나누기** – 나와 친구는 서로 다른 점이 있습니다. 나와 친구의 다른 점을 세 가지 이상 게시판에 적어 보세요.

개와 고양이는 친구

개와 고양이의 같은 점과 다른 점

♣ 같은 점: 동물, 다리가 네 개, 네 발로 걸어 다님, 꼬리, 수염, 눈, 귀, 코, 입, 이빨과 털이 있음, 새끼를 낳음, 후각·청각이 뛰어남, 주인을 알아봄 등

♣ 다른 점: 생김새, 귀 모양, 울음소리, 발톱 숨기는 것, 물 먹는 방식, 생리, 배변훈련 필요 여부, 배변 후 땅에 묻는지 여부, 몸 구조, 발, 습성, 식성, 전체적인 성격, 행동 등

	개	고양이
발톱 숨기는 것	숨길 수 없음	숨길 수 있음
물 먹는 방식	혀를 쭉 늘어뜨린 채 철벅거리며 물을 '핥아' 마신다.	마치 물에 도장을 찍듯, 혀끝을 물 표면에 가져다 대고 마신다.
배변훈련 필요 여부	필요함	필요하지 않음
행동	활동적인 편	개에 비해 비활동적
성격	주인의 관심을 갈구함	독립적인 편(자기중심)
꼬리 흔드는 몸짓의 의미	기쁨의 표현	공격적인 흥분 상태
발	굳은살처럼 딱딱한 편	개에 비해 더 말랑함, 분홍색이고 더 통통함
식성	잡식	육식

○ , × 퀴즈(질문지)

1. 김치를 좋아한다.

2. 고기를 좋아한다.

3. 사과를 좋아한다.

4. 배를 좋아한다.

5. 운동을 좋아한다.

6. 책 읽는 것을 좋아한다.

7. 그림 그리는 것을 좋아한다.

8. 노래 부르는 것을 좋아한다.

9. 산을 좋아한다.

10. 바다를 좋아한다.

11. 말하는 것을 좋아한다.

12. 조용히 있는 것을 좋아한다(얌전한 편이다).

※ 참고: 질문의 수는 시간을 고려하여 증감할 수 있습니다.

1~2학년
의사소통

8. 도와줘요! 고마워요!

🔽 학습목표

1. 주변의 친구나 선생님에게 도움을 요청하고 도움 행동을 할 수 있다.
2. 도움을 요청하는 말을 정중하게 할 수 있다.
3. 주변 사람의 도움에 고마움을 표현할 수 있다.

🔽 활동개요

단계	활동	준비물
도입	• 나의 마음에 집중하기 • 전시학습 상기 및 동기 유발하기 • 공부할 문제 안내하기	〈교사〉 명상곡, PPT 저-8, 이야기 자료 8-1
전개	• 활동1: 도움을 요청할 수 있는 자원 알아보기 • 활동2: 도움 요청하기 [공간 배치] • 활동3: 고마움 표현하기	〈교사〉 PPT 저-8(음악자료) 〈학생〉 포스트잇 1장씩
정리	• 정리 및 나누기	

🔽 지도상 유의점

- [공간 배치] 활동2의 도움 요청하기 게임에서 각자 자리에 일어서서 공을 주고받을 수 있도록 한다.
- 활동2를 진행할 때 학생들이 PPT에 제시된 게임 규칙을 숙지하고 준수할 수 있도록 지도한다.

🔽 학부모 알림장

다음 내용을 학급 홈페이지 알림장에 올려, 오늘 배운 내용을 가정에서도 연습할 수 있도록 합니다.

- 오늘은 도움을 요청하고, 내가 받은 도움에 고마움을 표현하는 활동을 해 보았습니다. 가정에서도 고마운 마음을 표현하는 시간을 가져 보시기 바랍니다. 또한 아이가 도움을 주는 활동을 하도록 격려해 주세요.
  예) 윤우야, 엄마가 부탁한 물건을 가져다줘서 고마워요.

단계	학습 과정
도입 (5′)	⏻ 나의 마음에 집중하기 ⏻ 전시학습 상기하기: 공부한 내용 및 과제 확인하기 ⏻ 동기 유발하기 〔이야기 자료 8-1〕 ◆도움에 관한 이야기 들려주기 ⏻ 공부할 문제 안내하기 　　도움을 요청하고 고마움을 표현해 봅시다.
전개 (31′)	⏻ 학습순서 안내하기(1분) 　활동1. 도움을 요청할 수 있는 자원 알아보기 　활동2. 도움 요청하기 　활동3. 고마움 표현하기 ⏻ 활동1. 도움을 요청할 수 있는 자원 알아보기(10분) ◆상황에 따른 자원 탐색하기 　• 학교 화장실에 갔는데 바지 지퍼가 올라가지 않아요. 누구에게 도움을 요청해야 할까요? 　• 학교가 끝나고 학원에 가야 하는데 학원 차를 놓쳤어요. 엄마에게 전화를 해야 하는데 나는 휴대전화가 없어요. 누구에게 도움을 요청할 수 있을까요? 　• 책가방을 챙기는데, 아무리 찾아도 숙제한 교과서가 보이지 않아요. 누구에게 도움을 요청할 수 있을까요? 　• 학교에서 받아쓰기를 시작하려고 하는데 공책이나 연습장(연필)이 없어요. 누구에게 도움을 요청할 수 있을까요? 　– 질문 ①에 대한 교사–학생 문답(친구, 선생님) 　– 질문 ②에 대한 교사–학생 문답(담임 선생님, 주변 선생님, 휴대전화를 가진 친구, 방과 후 선생님 등) 　– 질문 ③에 대한 교사–학생 문답(부모님, 형제자매, 조부모) 　– 질문 ④에 대한 교사–학생 문답(짝, 모둠 친구, 선생님) ⏻ 활동2. 도움 요청하기(10분) 〔음악자료〕 ◆[모둠] 즐겁고 신났던 일에 대해 친구와 이야기하기 　〈활동 순서〉 　1. PPT 슬라이드 쇼 시작 　2. 음악이 나오면, 전체 학생들은 공 1개를 주고받기 　3. 음악이 멈추었을 때, 공을 가진 학생은 화면에 나온 상황에서 도움을 요청할 수 있는 사람과 도움을 요청하는 말하기

모두 함께: "도와줘요!"

공을 가진 친구: "(사람)! 나 (일)를 도와줘(요)!"

유의점: 학생은 PPT에 제시된 게임 규칙을 준수하여 즐거운 게임이 되도록 한다. 활동에 필요한 음악자료가 PPT에 링크되어 있으나, 다른 음악으로 대체할 수 있다.

⏻ **활동3. 고마움 표현하기(10분)**

◆ 고마움을 표현하는 방법 알아보기

〈고마움을 표현하는 방법〉

1. "고마워." 하고 말로 표현하기
2. "고맙습니다." "감사합니다." 하고 예의 바르게 말하기
3. 편지나 쪽지에 고마움을 담아 전달하기

◆ 최근 일주일 동안 나에게 도움을 준 사람 1명에게 고마움의 말을 담은 쪽지를 포스트잇에 쓰기

유의점: 포스트잇을 전달할 수 있도록 독려한다.

| 정리 (4´) | ⏻ **정리하기** |

⏻ **정리하기**

– 친구들과 생활을 하다 보면, 서로 도움을 주고받아야 하는 상황이 늘 생깁니다. 내가 도움이 필요한 상황에 놓일 수도 있고, 도움을 줄 수 있는 상황에 놓일 수도 있습니다. 그럴 때 서로 친절하고 정중하게 도움을 주고받으면 더욱 친해지겠지요. 그리고 도움을 받았을 때는 반드시 고마움을 표현하는 것도 기억해야 합니다.

⏻ **나누기**

– 내가 도움을 요청할 수 있는 사람을 생각해 보고, 나는 누구에게 도움을 줄 수 있는지 생각해 보세요. 아마 여러분들이 가장 많이 도움을 요청하는 사람은 가족이나 친구들일 거예요. 일주일 동안 가까운 사람들에게 도움을 요청하고, 고마움을 표현해 봅시다. 또 도움을 필요로 하는 사람들이 있다면 내가 할 수 있는 만큼 도와주세요.

도움에 관한 이야기

쌀쌀한 바람이 부는 가을에 개미들은 추운 겨울을 지내기 위해 쌀알과 곡식 낟알을 주워서 저장했습니다. 개미 폴리도 하루하루 열심히 낟알을 모았습니다. 그러던 어느 날 아주 커다랗고 달콤한 쿠키 한 조각을 발견했습니다. 폴리는 매일 아침에 일어나면 쿠키가 있는 곳에 가서 온 힘을 다해 쿠키를 옮겼습니다. 하지만 쿠키는 꿈쩍도 하지 않았습니다. 힘이 빠지고 엉엉 울음이 나기 시작했습니다.

'곧 겨울이 올 텐데 어쩌지. 어떻게 하면 좋을까?'

그때 저 멀리서 작은 과자 부스러기를 함께 들고 가는 친구들을 보았습니다.

'아! 좋은 생각이 났어!' 그리고 폴리는 크게 외쳤습니다.

"친구들아! 도와줘!"

9. 싫은 상황에 대처하기

🔽 학습목표

1. 내가 싫은 상황을 알 수 있다.
2. 거절하는 방법을 알 수 있다.
3. 상황에 맞게 거절하는 말을 할 수 있다.

🔽 활동개요

단계	활동	준비물
도입	• 나의 마음에 집중하기 • 전시학습 상기 및 동기 유발하기 • 공부할 문제 안내하기	〈교사〉 명상곡, PPT 저-9
전개	• 활동1: 내가 싫은 상황 알기 • 활동2: 거절하는 방법 알기 • 활동3: 거절하는 연습하기(짝)	〈교사〉 PPT 저-9 〈학생〉 학습지 9-1, 포스트잇(1인당 1장)
정리	• 정리 및 나누기	

🔽 지도상 유의점

● 부탁을 받는 상황인지 강요나 괴롭힘을 당하는 상황인지에 따라 상대방의 기분을 배려하여 부드
럽게 말할지 단호하고 분명하게 자기 생각을 표현할지가 달라질 수 있음을 이해하게 한다.
● 특히 괴롭힘 상황일 경우, 크고 단호한 목소리로 말해야 함을 강조하고 연습을 반복하거나 전체 학
생들이 함께 큰 소리로 말하는 연습을 한다.

🔽 학부모 알림장

다음 내용을 학급 홈페이지 알림장에 올려, 오늘 배운 내용을 가정에서도 연습할 수 있도록 합니다.

● 오늘은 하기 싫은 일을 하도록 강요받거나 괴롭힘을 당할 때 거절하는 말을 연습했습니다. 가정에
서도 '부드러운 거절'("미안하지만 ~하고 싶지 않아." "나는 ~할 수 없어.")과 '강한 거절'("싫어!"
"하지 마!" "그만해!")을 연습할 수 있도록 지도해 주세요.

단계	학습 과정
도입 (5′)	⏻ 나의 마음에 집중하기 `명상곡` ⏻ 전시학습 상기하기: 공부한 내용 및 과제 확인하기 ⏻ 동기 유발하기 ◆ 동영상 감상하기: 〈아띠닷다송〉 (법무부 학교폭력 예방 캠페인 송)(2분 33초) ⏻ 공부할 문제 안내하기 싫은 상황에는 어떻게 대처해야 하는지 알아봅시다.
전개 (30′)	⏻ 학습순서 안내하기(1분) 활동1. 내가 싫은 상황 알기 활동2. 거절하는 방법 알기 활동3. 거절하는 연습하기 ⏻ 활동1. 내가 싫은 상황 알기(10분) ◆ 싫다고 말하는 상황 찾기 `포스트잇` 　－우리는 어떨 때 상대방에게 싫다고 말하는지 포스트잇에 한 가지씩 적어서 칠판에 붙여 봅 　시다. 몇 명만 발표해 볼까요? 　**유의점: 교사가 몇 가지 예시를 먼저 제시하여 학생들이 생각할 수 있도록 한다.** ◆ 부드러운 거절을 해야 하는 상황과 강한 거절을 해야 하는 상황 구분하기 　－이제 여러분이 쓴 상황을 부드러운 거절을 해야 하는 상황과 강한 거절을 해야 하는 상황으 　로 나누어 봅시다. {table} **유의점: 학생들이 작성해서 낸 포스트잇을 함께 읽으면서 칠판에 부드러운 거절과 강한 거절 상황으로 나누어 본다. 상황에 따라 다를 수 있음을 여러 가지 예를 들어 이야기한다.** ⏻ 활동2. 거절하는 방법 알기(4분) 　－각 상황에 어떻게 대처해야 할지 알아봅시다. 〈거절하는 방법〉 1. 부드러운 거절 　**예) 미안하지만 ~하기 어려워. 나는 ~하고 싶지 않아.** 2. 강한 거절 　**예) 싫어! 하지 마! 안 돼! 그만해!** **유의점: 거절의 상황에 따라 상대방의 기분을 고려하며 표정, 목소리, 내용을 달리하여 이야기해야 함을 지도한다.**

부드러운 거절	강한 거절
예) 지우개를 빌려 달라고 함 　　화장실에 같이 가자고 함 　　하기 싫은 놀이를 하자고 함	예) 돈을 빌려 달라고 함 　　옆구리를 쿡쿡 찌름 　　별명을 부르며 자꾸 놀림

	⏻ [짝] 활동3: 거절하는 연습하기(15분)
	〈활동 순서〉 1. 학습지 9-1 의 1, 2번 상황에서 할 수 있는 적절한 답변을 발표한다. 2. 학습지 9-1 의 1, 2번 상황을 짝과 함께 역할을 나누어 연습한다. 3. 학생들이 연습한 내용을 친구들 앞에서 발표한다. 유의점: 특히 폭력이나 괴롭힘 상황은 학생들을 일어서게 하여 목에 힘을 주고 단호하게 말하도록 반복 연습시킨다. 추가적으로 학생들이 포스트잇에 적었던 싫은 상황을 주고 역할연습을 계속할 수 있다.
정리 (5′)	⏻ 정리하기 –우리는 일상생활에서 하기 싫은 것을 하게 만들거나 싫은 상황을 겪을 수 있어요. 이런 상황에서는 자신의 생각과 그렇게 생각한 까닭을 분명히 전달하세요. 그러면 상대방이 자신의 잘못을 깨닫고 잘못된 행동을 멈출 수 있어요. ⏻ 나누기 –일주일 동안 상황에 따라 부드러운 거절과 강한 거절을 적절히 연습해 보세요.

싫은 상황에 대처하기

학년   반   이름

1. 부드러운 거절을 연습해 봅시다.

2. 강한 거절을 연습해 봅시다.

1~2학년
문제해결 | **10. 갈등해결방법 알기**

🔽 학습목표

1. 갈등의 의미를 알 수 있다.
2. 갈등해결방법에 대해 말할 수 있다.
3. 갈등이 생겼을 때 갈등해결방법을 사용할 수 있다.

🔽 활동개요

단계	활동	준비물
도입	• 나의 마음에 집중하기 • 전시학습 상기 및 동기 유발하기 • 공부할 문제 안내하기	〈교사〉 명상곡, PPT 저-10
전개	• 활동1: 갈등의 의미 알기 • 활동2: 갈등해결방법 알기(모둠, 짝) • 활동3: 역할극 하기(짝)	〈교사〉 PPT 저-10, 교사자료 10-1 〈학생〉 학습지 10-1, 10-2
정리	• 정리 및 나누기	• 게시판 활용

🔽 지도상 유의점

● [공간 배치] 책상을 교탁에서 약간 떨어지게 위치시켜 역할극을 위한 공간을 미리 마련한다.
● 역할극 대본 작성 시 맞춤법은 틀려도 된다고 안내해서 내용 작성에 너무 많은 시간이 소요되지 않도록 한다.
● 역할극에 나오지 않은 갈등해결방법은 교사가 보충해서 설명한다.

🔽 학부모 알림장

다음 내용을 학급 홈페이지 알림장에 올려, 오늘 배운 내용을 가정에서도 연습할 수 있도록 합니다.

● 오늘 갈등해결방법에 대해 배웠습니다. 어떤 방법들에 대해 배웠는지 대화를 나눠 주세요.
  예) 친구랑 싸웠을 때 어떻게 하면 사이가 좋아질까?

단계	학습 과정
도입 (5′)	⏻ 나의 마음에 집중하기 [명상곡] ⏻ 전시학습 상기하기: 공부한 내용 및 과제 확인하기 ⏻ 동기 유발하기 ◆동영상 감상하기: EBS 클립뱅크〈두근두근 학교에 가면: 갈등 이야기 1〉(약 2분) －동영상에 나온 내용에 대해 이야기해 봅시다. 두 친구가 다퉈서 갈등이 생겼네요. **유의점: 교사가 갈등이라는 용어를 사용하여 학생들이 인식하도록 한다.** ⏻ 공부할 문제 안내하기 갈등이 생기면 어떻게 해야 하는지 알아봅시다.
전개 (30′)	⏻ 학습순서 안내하기(1분) 활동1. 갈등의 의미 알기 활동2. 갈등해결방법 알기 활동3. 역할극 하기 ⏻ 활동1. 갈등의 의미 알기(4분) ◆갈등의 의미 생각해 보기 －앞에서 본 동영상에서 처음에 하준이와 명수의 기분이 어땠을까요? 그래요. 처음에 두 친구가 기분이 나빠졌고 울었어요. 이처럼 서로 잘 지내지 못하는 것을 갈등이라고 해요. 갈등: 서로 의견이나 생각이 달라서 부딪치거나 사이좋게 지내지 못하는 것 －갈등은 살아가면서 누구나 경험하며, 우리는 친구, 가족, 이웃 등 다양한 사람들과 갈등을 경험하며 살아요. ⏻ 활동2. 갈등해결방법 알기(7분) [학습지 10-1] [교사자료 10-1] －그림카드가 나타내는 갈등해결방법은 무엇일지 맞추어 봅시다. 완성한 모둠은 앞으로 제출해 주세요. 모두 완성하면 함께 정답을 살펴보도록 하겠습니다. ◆[모둠] [학습지 10-1]을 주고, 갈등해결방법 알아맞히기 갈등해결방법 여섯 가지: 대화하기, 들어주기, 상대방의 마음 알기, 　　　　　　　　　　　사과하기, 함께 해결방법 찾기, 도움 구하기 ◆[학습지 10-1]을 칠판에 게시하고 정답 알아보기 －각각의 갈등해결방법을 짝과 함께 행동으로 직접 표현해 봅시다. ◆[짝] 갈등해결방법을 짝과 실연하기

	⏻ **활동3. 역할극 하기(18분)** [학습지 10-2]
	◆역할극 대본(예시) 읽기
	– 친구 두 명이 나와서 여기 나온 대본을 실제 일어난 일처럼 읽어 볼까요? 이 대본처럼 여러분도 누군가와 다투거나 싸웠던 경험을 생각해 보고, 앞에서 배운 갈등해결방법을 사용해서 대본을 써 보세요. 모두 작성했으면 대본을 보고 연습해서 발표해 봅시다.
	◆[짝] 대본 작성하기
	◆[짝] 역할극 연습하기
	◆[짝] 역할극 발표하기
	유의점: 대본 작성에 너무 많은 시간을 들이지 않도록 한다. 역할극은 실제 상황인 것처럼 진지하게 연기하도록 한다.
정리 **(5′)**	⏻ **정리하기**
	◆이 시간을 통해 알게 된 점, 느낀 점 발표하기
	– 우리는 서로 잘 지내다가도 갈등이 생겨 사이가 안 좋아지기도 해요. 이럴 때는 오늘 배운 갈등해결방법들을 사용해 보세요.
	⏻ **나누기**
	– 자신이 친구, 형제, 부모와 사이가 나빠졌을 때(갈등이 생겼을 때) 사용한 갈등해결방법들 중에서 가장 좋았던 방법을 게시판에 적어 보세요.
	유의점: 학급 게시판에 갈등해결방법을 붙일 공간을 마련하여 학생들에게 알려 준다.

갈등해결방법 알기

학년   반   이름

🔔 '그림'이 나타내는 갈등해결방법이 무엇인지 그림 위 빈 칸에 써 봅시다.

ㄷ ㅎ하기

ㄷ ㅇ주기

잘 들려.

ㅅ ㄱ 하기

함께 ㅎ ㄱ ㅂ ㅂ 찾기

함께 방법을 찾아보자.

상대방의 ㅁ ㅇ 알기

네 마음이 그렇구나.

ㄷ ㅇ 구하기

누가 도와주면 좋겠다.

역할극 대본 작성하기

학년   반   이름

● 역할극 대본(예시)

　　엄마: 밥 다 먹었어?

　　　나: 아니요.

　　엄마: 아직도 안 먹었어?

　　　나: (짜증내며) 아~ 진짜. 밥 먹기 싫어요.

　　엄마: 왜? 왜 먹기 싫은데?

　　　나: 엄마, 아침이라 그런지 먹기 힘들어요. 여기까지만 먹을게요.

　　　　　그리고 짜증내서 미안해요.

● 역할극 대본을 써 보세요(글씨는 틀려도 돼요).

_____

_____

_____

_____

_____

_____

갈등해결방법 알기

🔔 '그림'이 나타내는 갈등해결방법이 무엇인지 그림 위 빈 칸에 써 봅시다.

대화하기

들어주기

사과하기

함께 해결방법 찾기

상대방의 마음 알기

도움 구하기

1~2학년 협력	**11. 서로 힘을 모아**

🔽 학습목표

1. 협력의 필요성을 알 수 있다.
2. 서로 협력하여 문제를 해결할 수 있다.
3. 공동의 문제를 해결하기 위하여 협력하는 태도로 참여한다.

🔽 활동개요

단계	활동	준비물
도입	• 나의 마음에 집중하기 • 전시학습 상기 및 동기 유발하기 • 공부할 문제 안내하기	〈교사〉 명상곡, PPT 저-11, 이야기 자료 11-1
전개	• 활동1: 협력의 필요성 알기 • 활동2: 협력 계획 세우기(모둠) • 활동3: 협력하여 문제 해결하기 [공간 배치]	〈교사〉 PPT 저-11 〈학생〉 도미노
정리	• 정리 및 나누기	

🔽 지도상 유의점

● [공간 배치] 전체 활동을 위해 책상을 교실 한쪽으로 밀고 교실에 넓은 공간을 준비한다.
● 도미노 대신 젠가 등과 같이 세울 수 있는 다른 재료를 사용할 수도 있다.
● 이 활동은 학급 전체 활동이므로 모둠별로 경쟁하는 것이 아니라 모둠별로도 서로 협동해야 함을 강조한다. 또 활동 과정에서 실수로 도미노를 넘어뜨리는 학생이 다른 학생들에게 공격받지 않도록 지도한다.

🔽 학부모 알림장

다음 내용을 학급 홈페이지 알림장에 올려, 오늘 배운 내용을 가정에서도 연습할 수 있도록 합니다.

● 오늘 협력에 대해 배웠습니다. 오늘 활동을 하면서 자녀가 어떤 생각을 했고 어떤 느낌이 들었는지 이야기 나눠 주세요. 그리고 가정에서도 가족이 함께 할 수 있는 일이나 놀이를 자녀가 찾아보도록 격려해 주세요.

단계	학습 과정
도입 (5′)	⏻ 나의 마음에 집중하기 명상곡 ⏻ 전시학습 상기하기: 공부한 내용 및 과제 확인하기 ⏻ 동기 유발하기 이야기 자료 11-1 ◆ 협력에 관한 이야기 들려주기 ⏻ 공부할 문제 안내하기 서로 협력하여 문제를 해결해 봅시다.
전개 (30′)	⏻ 학습순서 알기(1분) 활동1. 협력의 필요성 알기 활동2. 협력 계획 세우기 활동3. 협력하여 문제 해결하기 ⏻ 활동1. 협력의 필요성 알기(5분) ◆ 이야기 자료「할머니와 토끼」의 내용 이해하기 – 할머니는 어떤 일을 했나요? **예) 토끼에게 텃밭에서 기른 야채를 주었다.** – 토끼들은 어떤 일을 했나요? **예) 할머니의 친구가 되어 주었다. 텃밭을 가꾸는 일을 도와주었다. 할머니에게 약을 만들어 주었다.** –「할머니와 토끼」 이야기를 읽고, 할머니와 토끼들이 서로 도우며 살아간다는 것을 알게 되었어요. 이렇듯 혼자 일을 할 때 힘들고 어려웠던 것들이 서로 협력하면 혼자 하는 것보다 여러 가지 해결방법을 찾을 수 있습니다. 또, 한 명 한 명은 적은 힘이지만 여러 사람들의 힘이 모이면 더 큰 힘이 될 수 있습니다. 어떻게 협력하는지 우리도 함께 배워 봅시다. ⏻ 활동2. 협력 계획 세우기(5분) ◆ 프로젝트 제목: 〈모두가 하나 되어〉 – 이 프로젝트는 도미노를 이용해서 우리 반을 표현해 보는 활동입니다. 우리 반을 나타낼 수 있는 낱말이나 그림을 정하고, 모둠별로 도미노를 이용하여 표현할 수 있는지 고민해 보세요. 〈활동 순서〉 1. 우리 반을 표현할 낱말이나 그림 정하기 **예) 2학년 5반 – 다섯 모둠이 한 글자씩 만들기 사랑하는 친구들 – 일곱 모둠이 한 글자씩 만들기 협력, 배려, 용서 – 세 모둠이 한 단어씩 만들기 오륜기(🟠) 만들기 – 다섯 모둠이 연결된 한 원씩 만들기**

2. 표현할 내용이 정해지면, 각 모둠에서는 해야 할 일을 정하기

    ※ 제시할 낱말 또는 그림은 학급별로 필요한 것으로 정한다.

    ※ 모둠의 수는 교사의 제시 조건에 따라 유동적으로 조직한다.

⏻ **활동3: 협력하여 문제 해결하기(19분)**

  – 친구들과 협력해서 우리가 계획한 대로 도미노를 세울 거예요. 우리는 다른 모둠과 경쟁해서 이기려는 것이 아니라는 것을 기억해 주세요. 실수로 친구가 도미노를 넘어뜨리거나 중간에 도미노가 끊기더라도, 친구의 실수에 화를 내거나 다른 친구 탓을 하지 않도록 해요.

◆ **계획에 따라 도미노 세우기**

  – 지금부터 모둠에서 계획한 대로 서로 힘을 모아 도미노를 세워 봅시다.

유의점: 완성한 도미노를 넘어트렸을 때 한번에 쓰러지지 않고 끊기면 처음부터 다시 시작한다. 도미노 활동은 소수의 학생들이 잘한다고 해서 성공할 수 없다. 모든 학생들이 책임감을 가지고 활동해야 함을 이해할 수 있도록 한다. 또한 실패할 경우의 책임도 실수한 개인에게 돌리기보다는 공동의 책임임을 강조한다. 학급에서 또는 사회에서 서로 협력하는 활동은 개인의 책임을 성실하게 완수해야 공동의 목표를 달성할 수 있음을 이해할 수 있도록 한다.

⏻ **정리하기**

  – 오늘 활동을 하면서 어떤 생각을 했나요?

  – 오늘 활동 중에 어려웠던 것은 무엇인가요?

  – 다음에 이 활동을 다시 한다면 어떻게 할까요?

  – 오늘은 우리 반이 힘을 모아서 도미노 게임을 했어요. 함께 도미노를 만드는 것은 혼자 만드는 것보다 더 재미있고, 혼자 만들 때보다 더 큰 도미노를 만들 수 있었어요. 하지만 협력하는 과정에서 실수로 도미노가 넘어지면 친구들끼리 싸우기도 해요. 모두가 즐거운 협력이 되려면, 서로의 잘못이나 실수를 탓하기보다는 서로 격려하고 응원하는 것이 필요해요.

⏻ **나누기**

  – 가족들에게 도미노 게임 방법을 설명해 주고, 이 방법으로 가족들과 함께 할 수 있는 놀이를 찾아보고 실제로 놀이를 해 보세요.

정리
(5′)

할머니와 토끼

어느 숲 속, 머리가 하얗고 허리가 굽은 할머니가 살고 있었어요. 할머니는 가족이 없어서 혼자 살았어요. 숲 속에서는 할머니와 말을 할 사람이 아무도 없었어요. 게다가 할머니는 너무 늙어서 마당에 있는 작은 텃밭에 야채를 키우는 일도 힘들었어요. 그래서 할머니는 외롭고 힘들었어요.

그러던 어느 날, 배가 고픈 하얀 토끼가 할머니 집 앞에 멈춰 섰어요. 토끼는 할머니를 물끄러미 바라보았어요. 할머니가 참 외로워 보였거든요. 토끼를 본 할머니는 텃밭에서 키운 당근을 토끼에게 주었어요. 당근을 먹은 토끼는 매일 친구들을 데려와서 할머니의 말동무가 되어 주고 텃밭을 가꾸는 일을 도와주었어요. 할머니는 친구들이 생겨 즐거웠어요. 그래서 토끼들에게 더 많은 야채들을 주었어요.

그러던 어느 날, 토끼들이 아무리 기다려도 할머니가 보이지 않았어요. 할머니는 편찮으셔서 방 안에 누워만 있었어요. 토끼들은 어떻게 할지 회의를 했어요. 회의를 끝낸 토끼들은 바쁘게 움직이기 시작했어요. 하얀 토끼는 텃밭에서 야채를 수확했어요. 줄무늬 토끼와 안경 토끼는 텃밭에 난 잡초를 뽑았어요. 검은 토끼와 점박이 토끼는 숲을 돌아다니며 몸에 좋다는 약초들을 캐 왔어요. 모두들 할머니를 위해서 쉬지 않고 일했어요. 키다리 토끼는 야채와 약초를 넣고 할머니께 드릴 약을 만들기 시작했어요. 토끼들은 할머니가 빨리 낫기를 기도했어요. 토끼들의 정성이 담긴 약이 마침내 완성되었고 막내 토끼가 할머니께 약을 떠먹여 드렸어요. 토끼들이 만든 약을 먹은 할머니는 조금씩 나아졌어요. 다음날 토끼들이 할머니 집에 들어서니 할머니는 건강한 모습으로 토끼들에게 줄 야채를 손질하고 있었답니다.

글쓴이 이은정

파트 **2** (3~4학년)

3~4학년
알아가기

1. 멋진 너, 빛나는 우리

⬇ 학습목표

1. 나의 특징을 찾아낼 수 있다.
2. 나를 친구들에게 소개할 수 있다.
3. 친구들의 소개를 잘 듣고 친구의 특징을 알아볼 수 있다.

⬇ 활동개요

단계	활동	준비물
도입	• 사회정서학습(SEL) 낱말조각 맞추기 • 사회정서학습 알아보기 • 공부할 문제 안내하기	〈교사〉 명상곡, PPT 중-1, 교사자료 1-1
전개	• 활동1: 사회정서학습 규칙 세우기(모둠) • 활동2: 자기소개 카드 만들기(모둠) • 활동3: 자기소개 카드 주인공 찾기 놀이(모둠)	〈교사〉 PPT 중-1, 필기구, 교사자료 1-2 〈학생〉 학습지 1-1, 1-2, 필기구, 모둠 바구니
정리	• 정리 및 나누기	

⬇ 지도상 유의점

● [공간 배치] 모둠활동을 위해 책상 4개를 마주 보게 붙여 4인 1모둠을 구성한다. 학급 구성원의 수에 따라 모둠원의 수는 달라질 수 있다.
● 규칙 세우기에서 학생의 의견을 수용하되, 교사가 적절히 정리한다.
● 자기소개의 영역(모습, 행동, 성격, 잘하는 것 등)을 구체적으로 제시한다.
● 자기소개 카드 주인공 찾기 놀이는 학생들이 주도하여 진행되도록 한다.

⬇ 학부모 알림장

다음 내용을 학급 홈페이지 알림장에 올려, 오늘 배운 내용을 가정에서도 연습할 수 있도록 합니다.

● 이번 학기에 학생들은 자신의 생각과 정서 경험을 이해하고 잘 관리하며 지혜롭고 책임감 있는 학생이 되는 방법을 배울 예정입니다. 오늘은 친구들에게 자기소개를 하는 시간을 가졌습니다. 부모님께도 학교에서의 나를 소개하는 시간을 가져 보세요.

단계	학습 과정
도입 (9′)	⏻ 사회정서학습 낱말조각 맞추기 〔교사자료 1-1〕 ◆ '사회정서학습' 낱말조각 나누어 갖기 ◆ 짝꿍, 모둠 친구들과 자신의 이름을 말하고 웃으며 악수하기 ◆ 인사하며 자신의 낱말조각을 보여 주고 맞추어 보며 낱말 완성하기 ◆ 완성된 낱말을 칠판에 붙이기 　　유의점: 〔교사자료 1-1〕은 확대 인쇄하여 활용할 수 있다. ⏻ 사회정서학습 알아보기 〔PPT 중-1〕 ◆ 다섯 가지 문제를 듣고 그것을 할 수 있으면 ○, 아니면 ×를 팔과 손으로 머리 위에 표현하기 ◆ 문제마다 ○를 표시한 학생에게 문제에 답하도록 한다. 　• 나는 1분 안에 내 장점 다섯 가지를 말할 수 있다. (나는 누구?) 　• 나는 지금 앞에 계신 선생님의 정서(감정)를 말할 수 있다. (너는 어때?) 　• 나는 나를 놀리는 친구에게 화내지 않으면서 하지 말라고 말할 수 있다. (멋진 나) 　• 나는 친구와 친하게 지낼 수 있는 나만의 방법이 있다. (사이좋은 관계) 　• (줄넘기, 독서)를 잘하기 위해 연습목표를 세운 적이 있다. (지혜로운 선택) ― 우리가 배울 사회정서학습은 다섯 가지 문제들에 대해 활동하고 배우면서 마음이 건강하고 지혜로운 어린이가 되도록 도와줍니다. 　유의점: 다섯 가지 물음에 대한 학생의 피드백을 받은 후, 칠판에 괄호 안의 문구를 판서한다. SEL을 통해 판서한 다섯 가지의 지혜를 키워 갈 수 있음을 안내한다. ⏻ 공부할 문제 안내하기 　친구들에게 나를 소개해 봅시다.
전개 (28′)	⏻ 학습순서 안내하기(1분) 　활동1. 사회정서학습 규칙 세우기 　활동2. 자기소개 카드 만들기 　활동3. 자기소개 카드 주인공 찾기 놀이 ⏻ 활동1. 사회정서학습 규칙 세우기(10분) 〔학습지 1-1〕 ◆ 각 규칙 1과 2를 확인하고, 빈칸에 알맞은 낱말 맞히기 ◆ 규칙 3~5를 모둠원과 토의하여 정하기 ◆ 토의한 결과를 발표하고 이를 정리하여 규칙 정하기 ◆ 규칙을 다 함께 읽고 서명하기 　유의점: 학생들의 의견을 긍정적으로 수용하며 교사가 규칙을 정리한다. 정해진 규칙은 학급 게시판에 게시하고 사회정서학습 시간마다 칠판에 옮겨 부착한다.

	⏻ **활동2. 자기소개 카드 만들기(10분)** 〔학습지 1-2〕 ◆소개 항목 알기(모습, 말과 행동, 성격, 잘하는 것 등) 〔판서〕 ◆학습지에 자신의 이름을 쓰고, 항목마다 자기소개 1개씩 쓰기 ◆모둠원과 시계방향으로 자기소개 카드 돌리기 ◆자기소개 카드를 받으면, 이름을 확인하여 친구의 특징을 찾아 써 주기 유의점: 소개에 적절한 항목에 관한 발문을 하고, 학생의 응답을 정리하여 소개 항목을 판서한다. 학생들이 자기소개 카드를 만들기 전에 교사가 샘플을 제시할 수 있다. 〔교사자료 1-2〕 ⏻ **활동3. 자기소개 카드 주인공 찾기 놀이(7분)** 〔학습지 1-2〕 〈활동 순서〉 1. 모둠 바구니에 자기소개 카드 모으기 2. 교사가 1명의 학생을 지목하고, 그 학생은 바구니의 장점카드를 무작위로 1장 꺼내어 읽기 3. 자기소개 카드의 주인공을 아는 친구는 손을 들기 4. 발표자는 손을 든 학생 중 1명을 지목하여 정답을 듣기 5. 정답을 맞힌 학생은 자신의 모둠 바구니 속 카드를 1장 집어 새로운 문제 내기
정리 (3′)	⏻ **정리하기** –우리는 모두 빛나는 특징을 가지고 있습니다. 내가 가진 특징을 찾아서 친구들에게 자신 있게 소개하는 모습이 아름다웠습니다. ◆알게 된 점이나 소감 발표하기 –오늘 학습을 통해 알게된 점이나 느낀 점을 발표해 볼까요? ⏻ **나누기** –학교에서의 나의 모습을 부모님에게 소개해 보세요.

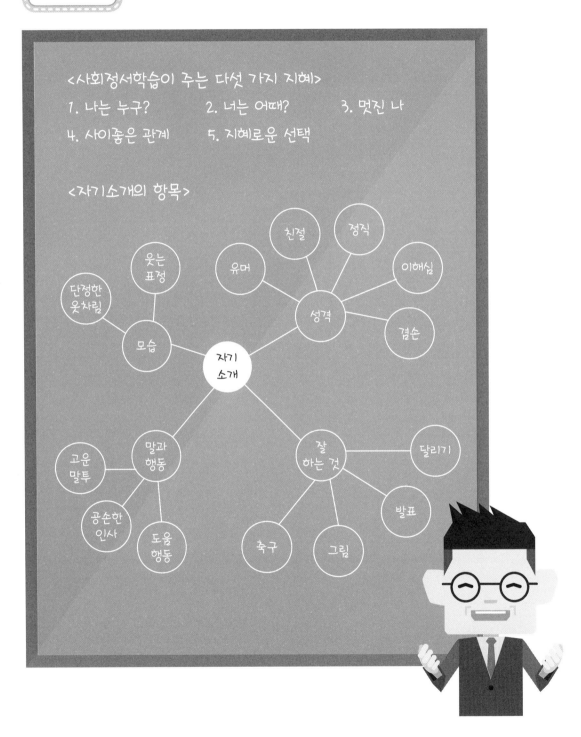

사회정서학습 규칙

학년   반   이름

사회정서학습 시간에 친구들이 나눈 이야기는 쉿~!
□ □로 해요!

'나의 마음에 집중하기' 활동에서는
□ 을 감고, □ 을 깊게 쉬며 나의 마음을 차분하게 해요!

선생님이 말씀하시거나 친구가 발표할 때는, 예쁜 눈! 쫑긋 □! 선생님(친구)를 향해!

친구의 말과 행동을 존중하는 마음을 가지기! 나의 의견을 솔직하고 분명하게 말하기!

선생님께서 활동 끝! 하시면, 활동을 멈추고 예쁜 손, 무릎에 예쁜 손, □ □ □ !

저 (　　　　)은(는) 위 규칙을 잘 지킬 것을 약속합니다!

20　　　년　　　월　　　일　　　서명

자기소개 카드

학년   반   이름

모습	
말과 행동	
성격	
잘하는 것	

사회정서학습 낱말카드

🔊 점선을 따라 낱말카드를 잘라 학생에게 나눠 주고, 낱말을 완성하는 놀이로 활용합니다.

자기소개 카드

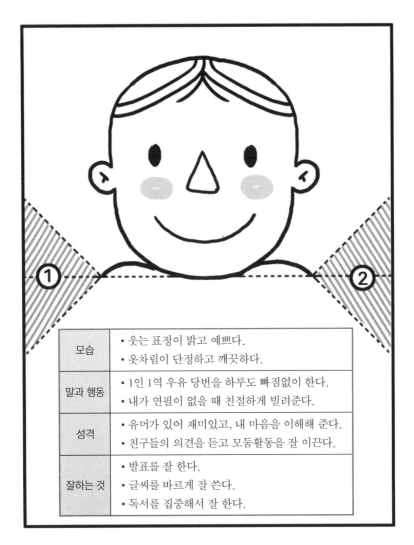

모습	• 웃는 표정이 밝고 예쁘다. • 옷차림이 단정하고 깨끗하다.
말과 행동	• 1인 1역 우유 당번을 하루도 빠짐없이 한다. • 내가 연필이 없을 때 친절하게 빌려준다.
성격	• 유머가 있어 재미있고, 내 마음을 이해해 준다. • 친구들의 의견을 듣고 모둠활동을 잘 이끈다.
잘하는 것	• 발표를 잘 한다. • 글씨를 바르게 잘 쓴다. • 독서를 집중해서 잘 한다.

3~4학년 감정	2. 감정스토리

🔽 학습목표

1. 다양한 감정단어를 말할 수 있다.
2. 다양한 감정단어의 의미를 말할 수 있다.
3. 다양한 감정단어로 문장을 만들 수 있다.

🔽 활동개요

단계	활동	준비물
도입	• 나의 마음에 집중하기 • 전시학습 상기 및 동기 유발하기 • 공부할 문제 안내하기	〈교사〉 명상곡, PPT 중-2
전개	• 활동1: 다양한 감정단어 알아보기(모둠) • 활동2: 감정단어 게임 '감정스토리'	〈교사〉 PPT 중-2(음악자료), 　　　　 교사자료 2-1 〈학생〉 학습지 2-1, 2-2, 2-3
정리	• 정리 및 나누기	• 게시판 활용

🔽 지도상 유의점

● [공간 배치] 활동2에서는 전체 활동을 위해 책상을 교실 벽 쪽으로 밀고, 교실 가운데에 넓은 공간을 준비한다.
● 활동2에서 두 그룹으로 나눌 때는 분단이나 모둠 단위로 그룹을 나누며, 성별 및 수준은 고르게 배치하는 것이 좋다.
● 감정단어를 학습할 때, 자신의 경험을 떠올릴 기회를 제공한다.

🔽 학부모 알림장

다음 내용을 학급 홈페이지 알림장에 올려, 오늘 배운 내용을 가정에서도 연습할 수 있도록 합니다.

● 오늘 다양한 감정단어에 대해 배웠습니다. 자녀의 감정에 공감해 주시고, 부모님의 감정과 함께 그 상황을 이해하기 쉽게 구체적으로 이야기 나눠 주세요. 자녀가 상황에 맞는 적절한 감정단어를 배울 수 있습니다.
　예) 아빠를 걱정하는 마음으로 시원한 물을 가져다준 거야? 더워서 짜증이 났는데, 혜준이 덕분에 감동했어.
　　준영이가 항상 혼자 놀고 있어서 외로워 보였는데, 오늘은 친구들과 신나게 노는 모습을 보니 엄마가 기쁘다.

단계	학습 과정
도입 (5′)	⏻ 나의 마음에 집중하기 <u>명상곡</u> ⏻ 전시학습 상기하기: 공부한 내용 및 과제 확인하기 ⏻ 동기 유발하기 ◆동영상 감상하기: 유튜브 〈다양한 감정 그림-한뫼초등학교 4학년 그림〉(3분 35초) – 친구들의 감정 그림에는 그 감정을 느낀 상황과 표정, 감정단어 등이 들어 있어요. ⏻ 공부할 문제 안내하기 <u>다양한 감정단어의 의미를 알아봅시다.</u>

전개
(32′)
	⏻ 학습순서 안내하기(1분)
	활동1. 다양한 감정단어 알아보기
	활동2. 감정단어 게임 '감정스토리'
	
	⏻ 활동1. 다양한 감정단어 알아보기(14분) <u>학습지 2-1</u> <u>학습지 2-2</u> <u>학습지 2-3</u>
	◆감정단어 의미 알기
	◆모둠원과 함께 짧은 글을 짓고 발표하기
	유의점: 몇몇 감정단어에 대한 경험을 학생들이 떠올릴 수 있도록 발문한다. 학생들의 짧은 글과 경험들은 다음 게임에서 활용할 수 있다.
	
	⏻ 활동2. 감정단어 게임 '감정스토리'(17분) <u>교사자료 2-1</u> <u>음악자료</u>
	◆반을 두 팀으로 나누고, 한 줄로 앉기
	◆교사는 게임 규칙 설명하기
	–오늘은 팀을 나누어 감정단어를 맞추는 게임을 시작할 거예요. 각 팀은 노래에 맞춰 춤을 추다가 문제가 나오면, 팀 이름을 외치고 문제를 맞히면 돼요. 답이 틀리면 다른 팀에게 기회가 돌아가요. 게임을 하면서 떠드는 팀은 1점 감점이 돼요.
	  문제가 나오는 PPT 화면에는 다양한 그림이 있을 거예요. 먼저, 햇빛, 물, 흙이 모두 들어 있는 문제는 3점, 2개가 들어 있으면 2점, 1개가 들어 있으면 1점이에요. 횃불이 그려진 문제를 맞히면 상대팀의 점수가 2점 줄어요. 마지막으로 지렛대 그림이 나오면 상대팀과 점수가 바뀝니다.
	
	  〈규칙〉
	  • 점수가 가장 높은 팀이 이긴다.
	  • 팀 이름 고르기: 밝은 감정 숲 vs 푸른 감정 숲
	  • 문제에 햇빛, 물, 흙이 모두 있을 경우: 3점(두 가지가 있으면 2점, 한 가지만 있으면 1점)
	  • 문제에 횃불이 있을 경우: 상대팀 2점 감점
	  • 문제에 지렛대가 있을 경우: 상대팀과 점수 바꾸기
	  • 떠드는 팀은 1점 감점
	
	유의점: 활동에 필요한 음악자료가 PPT에 링크되어 있으나, 다른 음악으로 대체할 수 있다.

	◆ 감정단어 게임 '감정스토리' 활동하기
	유의점: 수업시간이 여유로울 경우, 팀 이름을 학생들이 직접 지을 수 있다. 교사는 게임 시작 전에 연습 삼아 한두 문제를 풀어 본다.
정리 (3′)	⏻ 정리하기 – 오늘은 여러 가지 감정단어를 배웠어요. 감정단어를 알면 우리의 마음을 다른 사람에게 좀 더 잘 표현할 수 있어요. 나의 마음을 잘 드러낼 수 있는 단어를 한 번 더 생각해 보는 습관을 갖도록 해요. ⏻ 나누기 – 오늘 배운 내용 중에서 가장 기억에 남는 단어를 가족들과 이야기해 보세요. 그리고 그 감정단어들 중에서 친구들에게 알려 주고 싶은 단어를 그 뜻과 함께 메모지에 적어 게시판에 붙여 주세요. **유의점: 학생들이 적어 온 내용을 학급 게시판에 자유롭게 게시한다.**

다양한 감정단어 알아보기

학년   반   이름

🔔 다양한 감정단어를 알아봅시다.

편안한 감정

기뻐요(의미)	하고 싶은 대로 되어 흐뭇하고 흡족하다
즐거워요(짧은 글)	친구들과 내가 하고 싶은 놀이를 해서 즐겁다
놀랐어요(짧은 글)	기대하지 않았는데, 친구가 생일파티를 해 줘서 놀랐어요
행복해요(의미)	생활에 만족하고 기쁨을 느껴 흐뭇하다
재미있어요(의미)	아기자기하게 즐겁고, 유쾌한 기분이다
반가워요(의미)	보고 싶은 사람을 만나서 즐겁고 기쁘다
설레요(의미)	마음이 차분하지 않고, 들떠서 두근거리다
신나요(의미)	어떤 일이 자꾸 하고 싶어서 기분이 매우 좋아지다
감동했어요(의미)	어떤 것에 크게 마음이 움직이다

불편한 감정

화나요(짧은 글)	장난을 심하게 치니까 내가 화가 나잖아!
겁나요(의미)	무섭거나 두려운 마음이 생기다
놀랐어요(짧은 글)	깜깜한 곳에서 고양이가 튀어나와서 놀랐어요
미안해요(의미)	남에게 마음이 편하지 않고 부끄럽다
외로워요(의미)	혼자 의지할 곳이 없어 쓸쓸하다
슬퍼요(의미)	어떤 일을 보거나 겪으면서, 마음이 아프고 괴롭다
걱정돼요(의미)	안심이 되지 않고 조마조마하며 편하지 않다
속상해요(의미)	걱정이 되는 일로 마음이 불편하고 우울하다
짜증나요(짧은 글)	며칠째 너무 더워서 짜증이 난다

편안한 감정단어로 짧은 글 짓기

학년   반   이름

🔔 감정단어들을 사용해서 짧은 글을 지어 보세요.

편안한 감정

기뻐요   즐거워요   놀랐어요   행복해요   재미있어요

반가워요   설레요   신나요   감동했어요

1. _____

_____

2. _____

_____

3. _____

_____

4. _____

_____

🔔 내가 지은 짧은 글을 모둠원들에게 말해 봅시다.

불편한 감정단어로 짧은 글 짓기

학년　　　반　　　이름

🔔 감정단어들을 사용해서 짧은 글을 지어 보세요.

불편한 감정

화나요　　　겁나요　　　놀랐어요　　　미안해요　　　외로워요

슬퍼요　　　걱정돼요　　　속상해요　　　짜증나요

1. _____

_____

2. _____

_____

3. _____

_____

4. _____

_____

🔔 내가 지은 짧은 글을 모둠원들에게 말해 봅시다.

감정단어 게임

🔊 PPT를 보여 주면서, 아래 내용을 선생님이 읽어 주세요.

편안한 감정   ① 기쁘다, ② 즐겁다, ③ 놀라다, ④ 행복하다, ⑤ 재미있다, ⑥ 반갑다, ⑦ 설레다, ⑧ 신나다, ⑨ 감동하다

① '하고 싶은 대로 되어 흐뭇하고 흡족하다'는 뜻을 가진 감정단어는?

② 친구들과 내가 하고 싶은 놀이를 하니 ○○○ 감정을 느꼈어.

③ 기대하지 않았는데, 친구가 생일파티를 해 줘서 ○○○ 감정을 느꼈어.

④ '생활에 만족하고 기쁨을 느껴 흐뭇하다'는 뜻을 가진 가진 감정단어는?

⑤ '아기자기하게 즐겁고, 유쾌한 기분이다'는 뜻을 가진 감정단어는?

⑥ '보고 싶은 사람을 만나서 즐겁고 기쁘다'는 뜻을 가진 감정단어는?

⑦ '마음이 차분하지 않고, 들떠서 두근거리다'는 뜻을 가진 감정단어는?

⑧ '어떤 일이 자꾸 하고 싶어서 기분이 매우 좋아지다'는 뜻을 가진 감정단어는?

⑨ '어떤 것에 크게 마음이 움직이다'는 뜻을 가진 감정단어는?

⑩ 학생들이 제시한 짧은 글을 활용합니다.

불편한 감정   ① 화나다, ② 겁나다, ③ 놀라다, ④ 미안하다, ⑤ 외롭다, ⑥ 슬프다, ⑦ 걱정되다, ⑧ 속상하다, ⑨ 짜증나다

① 장난을 심하게 치니까 내가 ○○○ 감정을 느끼잖아!

② '무섭거나 두려운 마음이 생기다'는 뜻을 가진 감정단어는?

③ 깜깜한 곳에서 고양이가 갑자기 튀어나와서 ○○○ 감정을 느꼈어.

④ '남에게 마음이 편하지 않고 부끄럽다'는 뜻을 가진 감정단어는?

⑤ '혼자 의지할 곳이 없어 쓸쓸하다'는 뜻을 가진 감정단어는?

⑥ '어떤 일을 보거나 겪으면서, 마음이 아프고 괴롭다'는 뜻을 가진 감정단어는?

⑦ '안심이 되지 않고 조마조마하며 편하지 않다'는 뜻을 가진 감정단어는?

⑧ '걱정이 되는 일로 마음이 불편하고 우울하다'는 뜻을 가진 감정단어는?

⑨ 무더위가 계속되니까 ○○○ 감정을 느꼈어.

⑩ 학생들이 제시한 짧은 글을 활용합니다.

3~4학년
사고

3. 생각, 감정의 짝꿍!

🔽 학습목표

1. 생각과 감정의 의미를 알 수 있다.
2. 생각과 감정을 표현할 수 있다.
3. 생각과 감정이 연결되어 있음을 이해할 수 있다.

🔽 활동개요

단계	활동	준비물
도입	• 나의 마음에 집중하기 • 전시학습 상기 및 동기 유발하기 • 공부할 문제 안내하기	〈교사〉 명상곡, PPT 중-3
전개	• 활동1: 생각과 감정의 의미 알기(모둠) • 활동2: 생각과 감정 표현하기(짝) • 활동3: 생각과 감정의 관계 알기(짝)	〈교사〉 PPT 중-3 〈학생〉 학습지 3-1, 3-2, 3-3
정리	• 정리 및 나누기	• 게시판 활용

🔽 지도상 유의점

● 생각과 감정이 서로 연결되어 있음을 강조하여 설명하도록 한다.
● 생각과 감정의 의미는 학생의 수준을 고려하여 쉬운 용어로 풀어서 설명한다.

🔽 학부모 알림장

다음 내용을 학급 홈페이지 알림장에 올려, 오늘 배운 내용을 가정에서도 연습할 수 있도록 합니다.

● 오늘 생각과 감정의 관계에 대해 배웠습니다. 생각과 감정은 따로 분리된 것이 아니라 서로 연결되어 있음을 알았습니다. 언제 생각과 감정이 연결되어 있음을 느끼는지 자녀와 이야기 나눠 주세요.
예) 기분이 안 좋은 일이 생겼을 때 어떤 생각이 들까?

단계	학습 과정
도입 (5′)	⏱ 나의 마음에 집중하기 [명상곡] ⏱ 전시학습 상기하기: 공부한 내용 및 과제 확인하기 ⏱ 동기 유발하기 ◆ 동영상 감상하기: 동송초 3학년 학생 작품-〈좋은 생각이 났어, 니 생각〉 (3분 2초) ⏱ 공부할 문제 안내하기 　　생각과 감정의 관계를 알아봅시다.
전개 (30′)	⏱ 학습순서 안내하기(1분) 　활동1. 생각과 감정의 의미 알기 　활동2. 생각과 감정 표현하기 　활동3. 생각과 감정의 관계 알기 ⏱ 활동1. 생각과 감정의 의미 알기(8분) [학습지 3-1] ◆ 오늘 학교에 오면서 들었던 '생각'과 '감정'을 모두 적어 보기 ◆ 모둠과 함께 나눠 보고, 생각과 감정의 의미를 한 문장으로 작성하기 　생각: 자신의 경험이나 기억, 상상, 바람, 좋아하거나 싫어하는 것을 토대로 어떤 사건이나 사람 　　　 또는 사물을 헤아리고 판단하는 것 　감정: 어떤 사건이나 사람 또는 사물에 대하여 느끼는 기분 ⏱ 활동2. 생각과 감정 표현하기(9분) [학습지 3-2] 　– 학습지에서 글을 읽고 생각과 감정을 찾아보세요. 생각은 글로 적고, 감정은 얼굴 표정으로 　　그려 주세요. ◆ 주어진 상황에서 생각과 감정을 찾기 ◆ 생각은 글로 적고, 감정은 얼굴 표정으로 그리기 　– 하나의 상황에서 우리는 여러 가지 생각과 감정을 갖습니다. ⏱ 활동3. 생각과 감정의 관계 알기(12분) [학습지 3-3] 　– 주어진 상황에서 드는 생각들과 감정들을 적어 봅시다. 자신이 주로 하는 생각과 감정은 어떤 　　지 알아보고 느낀 점을 이야기해 봅시다. ◆ [짝] 생각에 따라 드는 감정 찾아보기 ◆ [짝] 주어진 상황에서 생각이나 감정 찾아보기 ◆ 주어진 상황에서 자신이 주로 하는 생각과 감정을 알아보기 ◆ [모둠] 모둠원과 의견 나누기

정리 (5′)	⏻ **정리하기** ◆ 이 시간을 통해 알게 된 점, 느낀 점 발표하기 – 사람들은 어떤 일에 대해 생각하면서 감정도 느낀답니다. 즉, 생각과 감정은 따로 나뉘어 떨어진 것이 아니라 서로 연결되어 있습니다. ⏻ **나누기** – 최근 자신에게 있었던 일들 중에서 한 가지를 정해서 간단히 적고, 그때 자신이 가졌던 생각과 감정을 적어 게시판에 붙여 봅시다. **유의점: 학급 게시판에 내용을 붙일 공간을 마련하여 학생에게 알려 준다.**

생각과 감정이란?

🔔 오늘 학교에 오면서 어떤 생각을 했는지, 어떤 기분이 들었는지 모두 적어 보세요.

어떤 생각을 했는지 ……

어떤 기분(감정)이 들었는지 ……

🔔 각자의 경험을 모둠원과 나누고, 생각과 감정의 의미를 한 문장으로 정리해 봅시다.

생각: _____

감정: _____

생각과 감정 표현하기

학년   반   이름

🔔 아래 상황을 읽고, 글에 나타난 생각과 감정을 알아봅시다. 생각은 말풍선에 글로 적고, 감정은 얼굴 표정으로 그려 보세요.

〈상황 1〉 오늘 운동회에서 달리기 시합을 했다. 처음엔 1등으로 달렸는데 나중에 넘어져서 꼴등으로 들어왔다.

생각   감정

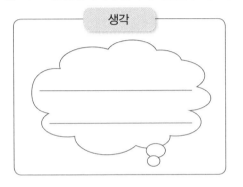

〈상황 2〉 선생님께서 국어 숙제를 검사하신다고 한다. 가방을 살펴보니 국어 숙제장을 집에 놓고 왔다.

생각   감정

〈상황 3〉 오늘은 내 생일이다. 내가 전부터 갖고 싶었던 게임기를 엄마가 사 주신다고 한다.

생각   감정

학습지 3-3	생각, 감정의 짝꿍!
	학년　　　반　　　이름

🔔 다음 상황과 생각을 읽고, 어떤 감정이 느껴지는지 적어 봅시다.

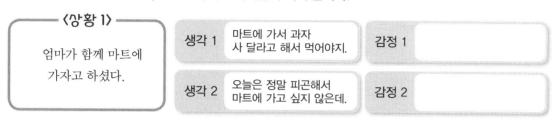

〈상황 1〉

엄마가 함께 마트에
가자고 하셨다.

생각 1 │ 마트에 가서 과자
사 달라고 해서 먹어야지.

감정 1

생각 2 │ 오늘은 정말 피곤해서
마트에 가고 싶지 않은데.

감정 2

🔔 다음 상황을 읽고, 빈 칸에 생각과 감정을 적어 봅시다.

〈상황 2〉

시험을 봤는데
수학점수가 80점이다.

생각 1 │ 80점밖에 못 맞았네.
엄마한테 혼나겠지?

감정 1

생각 2

감정 2

〈상황 3〉

일기를 쓰다가 책상
위에 두었는데 일기장이
책꽂이에 꽂혀 있다.

생각 1 │ 엄마가 내 일기장을
훔쳐 본 거야?

감정 1

생각 2

감정 2 │ 기쁘다.

🔔 상황 1, 2, 3에서 드는 생각과 감정 두 가지(1, 2) 중 자신의 생각과 감정은 어떤 것인지 생각해 보세요. 그리고 모둠원과 토의한 후, 느낀 점을 적어 봅시다.

4. 강점 그래프

🔽 학습목표

1. 강점이 무엇인지 알 수 있다.
2. 나의 강점을 찾아 강점 그래프를 만들 수 있다.
3. 미래에 내가 개발하고 싶은 강점을 찾고 설명할 수 있다.

🔽 활동개요

단계	활동	준비물
도입	• 나의 마음에 집중하기 • 전시학습 상기 및 동기 유발하기 • 공부할 문제 안내하기	〈교사〉 명상곡, PPT 중−4
전개	• 활동1: 나의 강점 찾기 • 활동2: 강점 그래프 만들기 • 활동3: 미래의 강점 그래프 만들기	〈교사〉 PPT 중−4 〈학생〉 학습지 4−1, 스티커
정리	• 정리 및 나누기	〈학생〉 학습지 4−2, 스티커

🔽 지도상 유의점

● 스티커를 사용할 수 없을 경우 칸을 색칠하여 그래프를 완성할 수 있다.
● 강점이란 자신이 잘할 수 있다고 생각하는 것이므로 강점을 성취하기 위해서는 노력해야 한다는 점을 지도한다.

🔽 학부모 알림장

다음 내용을 학급 홈페이지 알림장에 올려, 오늘 배운 내용을 가정에서도 연습할 수 있도록 합니다.

● 오늘 강점에 대해 배웠습니다. 자녀가 잘할 수 있다고 믿고 노력하면 자신의 강점이 될 수 있습니다. 자녀가 잘할 수 있는 것을 함께 찾아 주세요.
● 자녀가 강점을 발휘할 수 있는 방법에 대해 자녀의 생각을 물어보시고 귀 기울여 들어 주세요. 자녀의 강점을 발휘하기 위해 부모가 도울 수 있는 방법, 현실적인 방법에 대해서도 대화를 나누어 보시면 좋겠습니다.

단계	학습 과정
도입 (7′)	⏻ 나의 마음에 집중하기 명상곡 ⏻ 전시학습 상기하기: 공부한 내용 및 과제 확인하기 ⏻ 동기 유발하기 ◆ 동영상 감상하기: 〈닉 부이치치 강연〉 (4분 10초) ⏻ 공부할 문제 안내하기 강점 그래프를 만들어 봅시다.

전개
(28′)
	⏻ 학습순서 알기(1분)
	활동1. 나의 강점 찾기
	활동2. 강점 그래프 만들기
	활동3. 미래의 강점 그래프 만들기
	
	⏻ 활동1. 나의 강점 찾기(5분)
	◆ 강점의 개념 알기
	  – 닉 부이치치의 경우와 같이 강점이란 다른 사람과 나를 비교하는 것이 아니고 내가 잘할 수 있다고 생각하는 것입니다. 그래서 어떤 것이든지 나의 강점이 될 수 있습니다.
	◆ 나의 강점 찾기
	
	〈활동 순서〉
	1. 가정, 학교, 친구 관계, 기타 사회에서 내가 잘하는 것 찾기
	2. 잘한다고 주위에서 칭찬 들었던 것 찾기
	3. 나의 강점 발표하기
	
	⏻ 활동2. 강점 그래프 만들기(15분) 학습지 4-1
	◆ 강점 그래프 만들기
	
	〈활동 순서〉
	1. 나의 강점을 그래프 가로축에 쓰기
	2. 7칸 중에서 흰색 칸 5개 쓰기(진한 색 칸 2개 비워 두기)
	  예) 노래를 잘 불러요, 달리기를 잘해요, 청소를 깨끗하게 해요, 친구를 도와주어요, 책을 읽어요, 줄넘기를 잘해요, 그림을 잘 그려요 등
	3. 내가 생각하는 강점의 세기를 '조금 잘한다'부터 '정말 잘한다' 중에서 선택하여 해당하는 칸까지 스티커 붙이기
	  예) 조금 잘한다: 스티커 1개, 어느 정도 잘한다: 스티커 2개
	
	유의점: 강점의 세기는 자신이 잘한다고 생각하는 정도이다. 따라서 친구가 그래프를 만드는 데 간섭하지 않도록 한다.

◆자신의 강점 그래프를 친구들에게 소개하기

　　　※ 소개하기의 예: 강점 그래프를 실물화상기를 사용하여 제시하고 설명하기, 교실을 돌아다니다가 교사의 신
　　　　호에 멈추어 선 후 가장 가까이에 있는 친구에게 강점 그래프 소개하기 등

　　　예) 저는 노래를 정말 잘하고 책 읽기도 꽤 잘합니다. 저는 달리기는 조금 잘하지만 그림은 꽤 잘 그립니다.

◉ 활동3. 미래의 강점 그래프 만들기(7분) 학습지 4-1

〈활동 순서〉

1. 현재의 강점 그래프에는 포함되지 않은 것 중에서 미래의 강점 만들기

2. 강점 그래프 오른쪽의 진한 색 칸 2개에 쓰기

　　예) (현재)김치를 먹지 않음 → (미래)음식을 골고루 먹어요
　　　　(현재)피아노를 치지 못함 → (미래)피아노를 잘 쳐요
　　　　(현재)줄넘기 엇갈려 뛰기를 못함 → (미래)줄넘기를 잘해요

3. 미래에 자신이 강점으로 만들 정도를 '조금 잘한다'부터 '정말 잘한다' 중에서 선택하여 해당하
　는 칸까지 스티커 붙이기

　　예) 조금 잘한다: 스티커 1개, 꽤 잘한다: 스티커 4개

4. 미래의 강점을 완성하기 위해서 자신이 해야 할 일을 찾아 그래프 옆에 쓰기

5. 미래의 강점과 앞으로 자신이 할 일 발표하기

**유의점: 미래의 강점은 어떤 것이든지 학생 자신이 하고 싶은 것을 넣을 수 있다. 따라서 미래의 강점을 발표할 때
현재 모습에 비추어 비난하거나 헐뜯지 않도록 지도한다.**

정리
(5′)

◉ 정리하기

－오늘은 여러분이 가지고 있는 현재 자신의 강점을 찾아보고 강점 그래프를 만들어 보았습니
다. 강점 그래프를 보니 강점을 많이 찾은 친구도 있고 아직 강점을 많이 찾지 못한 친구들도
있네요. 강점은 다른 사람들이 찾아 주기보다는 자신이 잘한다고 생각하는 것입니다. 그렇기
때문에 자신이 잘할 수 있다고 생각하고 그것을 성취하기 위해서 꾸준히 노력하면 미래에는
자신의 강점으로 만들 수 있을 거예요.

◉ 나누기 학습지 4-2

－가족 중에서 1명(예: 동생)을 정해서 강점 그래프를 만들어 주세요.

나의 강점 그래프

학년   반   이름

● 자신이 잘하는 것을 찾아보고 얼마나 잘하는지 스티커를 붙여 보세요.

강점의 세기 \ 강점	1	2	3	4	5	6	7
정말 잘한다							
꽤 잘한다							
보통 정도 잘한다							
어느 정도 잘한다							
조금 잘한다							

학습지
4-2

(   )의 강점 그래프

학년   반   이름

● (   )이/가 잘하는 것을 찾아보고 얼마나 잘하는지 스티커를 붙여 보세요.

강점의 세기	강점	1	2	3	4	5	6	7
정말 잘한다								
꽤 잘한다								
보통 정도 잘한다								
어느 정도 잘한다								
조금 잘한다								

3~4학년
자기이해

5. 숨어 있는 나 찾기

🔽 학습목표

1. 나를 관찰할 수 있다.
2. 나에 대해 자세히 설명할 수 있다.

🔽 활동개요

단계	활동	준비물
도입	• 나의 마음에 집중하기 • 전시학습 상기 및 동기 유발하기 • 공부할 문제 안내하기	〈교사〉 명상곡, PPT 중-5
전개	• 활동1: 나에 대해 알아보기 • 활동2: 빙고게임 • 활동3: '숨어 있는 나' 책 만들기	〈교사〉 PPT 중-5 〈학생〉 학습지 5-1, 5-2, 펀치 1개, 가위(1인당 1개), 플라스틱 링 (1인당 1개)
정리	• 정리 및 나누기	

🔽 지도상 유의점

● 자신의 여러 가지 특징에 관심을 두고, 스스로 잘 알아차리지 못하는 특징은 친구들의 도움을 받아 찾을 수 있도록 독려한다.
● 학습지의 동그라미 부분에 구멍을 뚫어 플라스틱 링으로 연결한다. 펀치나 플라스틱 링의 준비가 어려울 경우, 활동 후 도화지에 붙여 자기소개 판으로 활용할 수 있다.

🔽 학부모 알림장

다음 내용을 학급 홈페이지 알림장에 올려, 오늘 배운 내용을 가정에서도 연습할 수 있도록 합니다.

● 오늘 자신의 특징을 좀 더 자세히 살펴보는 활동을 하였습니다. 평소에 자녀들이 자신의 흥미, 특징, 선호, 감정에 관해 관심을 가질 수 있는 대화를 나눠 주세요.
  예) 우리 ○○는 △△ 활동을 할 때 신나 보이더라.

단계	학습 과정
도입 (5′)	⏻ 나의 마음에 집중하기 (명상곡) ⏻ 전시학습 상기하기: 공부한 내용 및 과제 확인하기 ⏻ 동기 유발하기 (학습지 5-2) ◆동화 읽기: 요시타케 신스케(2015).『이게 정말 나일까?』주니어김영사. – 여러분도 지후처럼 하기 싫은 일들이 있나요? 로봇이 해 주었으면 하는 일들이 있나요? – 로봇이 지후에게 질문하니 지후가 대답을 못 하기도 합니다. 우리는 자신을 잘 안다고 생각하는데 잘 모르는 부분이 있답니다. 나 자신을 좀 더 살펴보는 시간을 가져 봅시다. ⏻ 공부할 문제 안내하기 숨어 있는 나를 찾아봅시다.
전개 (31′)	⏻ 학습순서 안내하기(1분) 활동1. 나에 대해 알아보기 활동2. 빙고게임 활동3. '숨어 있는 나' 책 만들기 ⏻ 활동1. 나에 대해 알아보기(10분) (학습지 5-1) ◆숨어있는 나 찾기 〈활동 순서〉 1. ＿＿＿에 대해 알려 드립니다. 밑줄 위에 자신의 이름을 적는다. 2. 자신이 좋아하는 음식, 싫어하는 음식, 잘하는 것, 잘하고 싶은 것, 가장 행복했던 순간, 가장 슬펐던 순간, 부끄러운 일, 나의 좋은 습관 등을 적는다. 3. 맨 마지막의 비어 있는 세 칸에는 자신만의 질문과 답을 적는다. 4. 생각이 잘 안 나는 문제는 주변 친구들에게 묻는다. 5. 학습지를 줄에 맞춰 자른다. **유의점: 모두 적어야 이후 빙고게임에 참여할 수 있음을 공지한다.** ⏻ 활동2. 빙고게임(10분) (학습지 5-2) 〈활동 순서〉 1. 3×3 빙고판 위에 '숨어 있는 나 찾기' 조각 중 9개를 놓는다. 2. 한 사람씩 돌아가며 숨어 있는 나의 제목 부분(예: 좋아하는 놀이, 가장 행복했던 순간)을 읽는다. 3. 해당하는 제목을 빙고판 위에 놓은 사람은 그 조각을 뗄 수 있다. 4. 가로, 세로, 대각선 어떤 방향이든지 3개의 조각을 떼면 빙고가 된다(빙고가 되었을 때, "빙고!" 하고 외치면 승자가 된다). **유의점: 게임은 4~5회 정도 반복한다.**

	⏻ **활동3. '숨어 있는 나' 책 만들기(10분)**
	〈활동 순서〉 1. 숨어 있는 나 찾기 `학습지 5-1` 을 잘라 동그라미 부분에 구멍을 뚫는다. 2. 구멍들을 연결하여 플라스틱 링으로 묶어 '숨어 있는 나' 책을 만든다.
정리 (4´)	⏻ **정리하기** – 나는 나를 가장 잘 안다고 생각하지만 다른 사람의 질문을 받으면 대답을 잘 못할 때도 있습니다. 나를 잘 관찰해서 내가 어떤 사람인지 언제든 자신 있게 소개할 수 있도록 노력해 봅시다. ⏻ **나누기** – 새롭게 알게 된 나의 특징들이 있으면 학습지에 적어 봅시다.

숨어 있는 나 찾기

학년   반   이름

( )에 대해 알려 드립니다.

- 좋아하는 음식
- 싫어하는 음식
- 좋아하는 놀이
- 싫어하는 놀이

- 재미있는 과목
- 싫어하는 과목
- 소중히 여기는 물건
- 가장 행복했던 순간

- 가장 슬펐던 순간
- 잘하는 것
- 잘하고 싶은 것
- 친한 친구 이름

○ 짜증나는 일

○ 흥미로운 활동

○ 기억에 남는 책

○ _____

○ 장래희망

○ 부끄러운 일

○ 고마운 사람(2명)

○ _____

○ 좋아하는 게임

○ 자랑하고 싶은 일

○ 좋아하는 색깔

○ 나를 힘나게 하는 말

○ 좋아하는 만화주인공

○ 좋아하는 스포츠

○ 나를 힘들게 하는 것

○ 요즘 내 마음 같은 색깔

빙고판

학년   반   이름

유치원 때는 못 하면 그냥 안 해도 되었던 것을 이제는 모두 스스로 해야 하는 나이가 되었습니다. 하지만 지후에게 책가방 챙기기, 엄마 심부름하기 등등 이런 것들은 힘든 일입니다. 지후는 이런 일들을 할 줄 알아도 하기 싫습니다. 하지만 안 하면 엄마에게 잔소리를 듣습니다. 잔소리에도 지칩니다. 그래서 주인공 지후는 결심합니다. '아, 날 대신할 로봇을 하나 사서 나인 척해야지.' 그렇지만 그게 만만한 일이 아닙니다. 로봇은 집으로 가는 길에서부터 지후에게 질문하는 게 많습니다. 맨 처음, 지후는 누구나 '자기소개' 하면 생각하는 이름, 나이, 가족, 키, 몸무게에서 시작해 좋아하는 것과 싫어하는 것, 잘하는 것과 못하는 것을 말해 줍니다. 하지만 로봇은 자꾸 지후만의 독특한 뭔가를 요구합니다. 지후는 자기에 대해 생각하기가 마냥 쉽지만은 않습니다.

요시타케 신스케(2015). 이게 정말 나일까? 주니어김영사.

🔔 빙고판

6. 달라서 좋아요

🔽 학습목표

1. '다르다'의 의미를 알 수 있다.
2. 다른 점을 찾을 수 있다.
3. 달라서 좋은 점을 설명할 수 있다.

🔽 활동개요

단계	활동	준비물
도입	• 나의 마음에 집중하기 • 전시학습 상기 및 동기 유발하기 • 공부할 문제 안내하기	〈교사〉 명상곡, PPT 중-6
전개	• 활동1: '다르다'의 의미 알기 • 활동2: 다른 점 찾아보기(짝) • 활동3: 달라서 좋은 점 알아보기(모둠)	〈교사〉 PPT 중-6 〈학생〉 학습지 6-1, 6-2, 색연필 　　　　(무지개 색상 포함)
정리	• 정리 및 나누기	

🔽 지도상 유의점

● 게임할 때 '손들기'는 말없이 하도록 하고, '손들기' 대신 '판 올리기' 등 다른 방법을 사용할 수 있다.
● 사람은 모두 다른 점들이 있음을 강조하여 설명한다.

🔽 학부모 알림장

다음 내용을 학급 홈페이지 알림장에 올려, 오늘 배운 내용을 가정에서도 연습할 수 있도록 합니다.

● 오늘은 달라서 좋다는 것에 대해 배웠습니다. 서로 다른 점들이 있어서 더 즐겁고 재미있게 지낼 수 있다는 것에 관해 이야기 나눠 주세요.
　　예) 이 세상의 모든 사람이 다 같다면 어떨까?
● 그리고 일상생활에서 대화를 하실 때 '다르다(서로 같지 않다)'와 '틀리다(올바르지 않거나 잘못되었다)'가 가지고 있는 의미의 차이를 고려해 주세요.
　　예) 연우는 치킨을 좋아하고, 엄마는 피자를 좋아해. 연우와 엄마가 좋아하는 음식은 틀린 걸까, 아님 다른 걸까?
　　　그래, 사람마다 좋아하는 음식이 다를 수 있겠지?

단계	학습 과정
도입 (5′)	⏻ 나의 마음에 집중하기 명상곡 ⏻ 전시학습 상기하기: 공부한 내용 및 과제 확인하기 ⏻ 동기 유발하기 ◆동영상 감상하기: 지식채널e 〈패러디-'틀리다'가 아니라 '다르다'〉 (4분) 　–영상을 보면, '다르다'가 '틀리다'는 의미가 아니라는 것을 알 수 있어요. ⏻ 공부할 문제 안내하기 　다름의 좋은 점을 알아봅시다.
전개 (30′)	⏻ 학습순서 안내하기(1분) 　활동1. '다르다'의 의미 알기 　활동2. 다른 점 찾아보기 　활동3. 달라서 좋은 점 알아보기 ⏻ 활동1. '다르다'의 의미 알기(6분) ◆○, × 퀴즈 게임하기 　–문장이 맞으면 ○, 틀렸으면 ×를 머리 위로 표시하세요. 　**예)** "너랑 나랑은 좋아하는 게 **틀려**." (×), "난 네 생각과 **틀려**." (×), 　　"난 너와 얼굴 생김새가 **달라**." (○), "난 수학 시험에서 세 문제를 **틀렸어**." (○) 　┌─────────────────────────────────────┐ 　다르다(차이): 두 대상(예: 사람, 동물)을 비교했을 때 서로 같지 않음 　틀리다: 마음, 행동, 사실이 맞지(올바르지) 않거나 잘못됨 　└─────────────────────────────────────┘ 　–다른 것이 틀린 것은 아닙니다. 다르다는 것은 무엇이 좋고 나쁨이 아닌, 누구나 가지고 있 　고, 그래서 우리 서로가 구별되는 차이입니다. ⏻ 활동2. 다른 점 찾아보기(8분) 학습지 6-1 ◆지우개 두 개를 비교하여 서로 다른 점을 찾아보기 　–두 지우개(자기 것 혹은 짝꿍 것)는 둘 다 지우개지만 서로 다른 점들이 있군요. ◆나와 짝의 다른 점(각각 세 가지 이상) 찾아보기 ◆다른 점 찾기를 통해 느낀 점을 이야기해 보기 　–나와 짝 그리고 친구들에게는 모두 다른 점들이 있다는 것을 알 수 있습니다.

● 활동3. 달라서 좋은 점 알아보기(15분)

◆[모둠] 색깔 쟁탈전 게임하기 색연필

　─두 가지 단어를 불러 주면 다른 점을 말해 봅시다. 다른 점을 말한 모둠에는 색연필을 주겠습니다. 가장 빨리 손을 든 학생의 모둠에 기회를 줄 것입니다. 나중에 답하는 모둠의 학생은 먼저 나온 내용을 빼고 말해야 합니다.

　　단어 예) 강아지 vs 장미꽃, 사과 vs 배, 교과서 vs 공책, 연필 vs 지우개, 책상 vs 의자, 우유 vs 주스, 학생 A vs 학생 A 짝꿍, 학생 A vs 학생 B

◆[모둠] 무지개 색칠하기 학습지 6-2

　─게임으로 받은 색깔(색연필)만 사용해 무지개를 색칠한 후 완성한 모둠은 칠판에 붙여 주세요.

◆무지개를 칠판에 게시하기

◆전체 의견 나누기

　─어떤 무지개가 좋아 보이나요? 그렇게 생각한 이유는 뭘까요?

　─두세 가지 색깔보다 여러 가지 다른 색깔들이 있는 무지개를 보니 더 좋아 보입니다. 사람들도 모두 다르고 다양한 모습으로 살아 갑니다. 우리는 다양한 사람을 만나고 이야기하면서 새롭고 즐거운 경험을 할 수 있습니다.

정리
(5′)

● 정리하기

　─자세히 살펴보면 모두 조금씩 다른 점이 있어요. 특히 사람은 더 그래요. 사람마다 키, 몸무게, 얼굴 생김새, 종교, 성격, 생각, 능력 등 여러 가지가 다를 수 있어요. 모두 같지 않고 여러 가지 다른 점들이 있어서 더 재미있고 좋아 보입니다.

◆이 시간을 통해 알게 된 점, 느낀 점 발표하기

　─오늘 배운 내용을 통해 새롭게 알게 된 점이나 느낀 점을 발표해 볼까요?

● 나누기

　─주변 사람들(예: 친구, 가족)과 서로 달라서 좋은 점에 대해 이야기 나눠 보세요.

다른 점 찾기

학년   반   이름

🔔 지우개 두 개의 다른 점을 적어 봅시다.

지우개 1

지우개 2

다른 점: _____

_____

🔔 나와 짝꿍의 다른 점(예: 성격, 능력, 외모)을 적어 봅시다.

나

짝꿍

다른 점: _____

_____

🔔 위에서 다른 점 찾기를 통해 느낀 점을 적어 봅시다.

_____

_____

달라서 좋은 점 알아보기

학년 반 이름

● 여러분 모둠이 갖고 있는 색연필로 무지개를 색칠하세요.

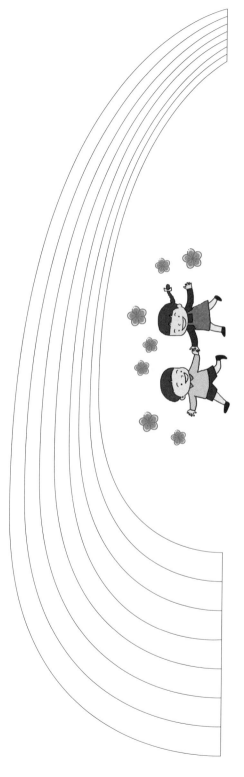

● 위에서 색칠하기를 끝낸 후 느낀 점을 쓰세요.

※ 참고: B4 또는 A3로 출력하여 사용하면 좋습니다.

| 3~4학년 공감 | **7. 마음을 알아주는 대화** |

🔻 학습목표

1. 상대방의 마음을 알아주면 좋은 점을 알 수 있다.
2. 상대방의 마음을 알아주는 방법을 알고 활용할 수 있다.

🔻 활동개요

단계	활동	준비물
도입	• 나의 마음에 집중하기 • 전시학습 상기 및 동기 유발하기 • 공부할 문제 안내하기	〈교사〉 명상곡, PPT 중-7
전개	• 활동1: 마음을 알아주면 좋은 점 • 활동2: 마음을 알아주는 대화 방법 • 활동3: 마음 알아주기 연습	〈교사〉 PPT 중-7 〈학생〉 학습지 7-1, 7-2, 7-3
정리	• 정리 및 나누기	• 게시판 활용

🔻 지도상 유의점

● 이 활동은 공감하는 방법을 알고 연습하는 내용이지만 '공감해 주는 방법'이라는 용어를 사용하지 않고 '마음을 알아주는 방법'이라고 쉽게 풀어서 설명한다.

🔻 학부모 알림장

다음 내용을 학급 홈페이지 알림장에 올려, 오늘 배운 내용을 가정에서도 연습할 수 있도록 합니다.

● 오늘은 상대방의 마음을 알아주는 방법을 배우고 연습했습니다. 가정에서도 서로의 표정과 행동을 통해 상대방의 마음을 읽고 마음을 알아주는 대화를 자주 해 보세요.
● 마음을 알아주는 대화 방법에는 대화에 집중하기, 적극적인 행동 반응(예: 바라보기, 같은 표정 짓기, 고개 끄덕이기, 미소 등), 맞장구치기(예: 응, 그래, 그랬겠다 등), 예의 없는 행동하지 않기(예: 끼어들기, 주제 바꾸기, 판단, 비난, 충고, 놀림)가 있습니다.

단계	학습 과정

도입
(5′)
	⚙ 나의 마음에 집중하기 명상곡
	
	⚙ 전시학습 상기하기: 공부한 내용 및 과제 확인하기
	
	⚙ 동기 유발하기
	◆동영상 감상하기: EBS 다큐프라임 〈아이의 사생활〉 1부 남과 여 (17분 18초∼18분 37초)
	  – 이 영상에서 아이들은 엄마가 다쳐서 울자 어떤 표정을 지었나요? 네. 엄마와 같은 표정을 지
	    으며 울먹이다가 결국 울음을 터뜨렸어요. 오늘은 이렇게 상대방의 마음을 똑같이 알아주는
	    대화 방법에 대해 공부하겠습니다.
	
	⚙ 공부할 문제 안내하기
	
	  친구의 마음을 알아주는 대화를 해 봅시다.

전개
(30′)
	⚙ 학습순서 안내하기(1분)
	활동1. 마음을 알아주면 좋은 점
	활동2. 마음을 알아주는 대화 방법
	활동3. 마음 알아주기 연습
	
	⚙ 활동1. 마음을 알아주면 좋은 점(5분)
	  – 대화할 때 상대방의 마음을 알아주면 무엇이 좋을까요? (학생 발표 후) 상대방의 마음을 알아
	    주면서 대화를 하면 말을 하는 사람은 더욱 편안함을 느끼고 대화에 집중할 수 있고, 서로 관
	    계가 좋아질 수 있습니다.
	
	⚙ 활동2. 마음을 알아주는 대화 방법(7분)
	  – 상대방의 마음을 알아주기 위해 대화를 할 때는 어떻게 해야 할까요?
	
	  〈마음을 알아주는 대화 방법〉
	  1. 대화에 집중하기
	  2. 적극적 행동 반응(예: 바라보기, 같은 표정 짓기, 고개 끄덕이기, 미소 짓기 등)
	  3. 맞장구치기(예: 응, 그래, 그랬구나, ∼해서 ∼마음이었겠다 등)
	  4. 예의 없는 행동 금지(예: 끼어들기, 주제 바꾸기, 판단, 비난, 놀림, 충고 등)
	
	  **유의점: 맞장구를 칠 때는 장난이나 건성으로 대답하지 않고 진심을 담아서 말해야 함을 지도한다. 교사는 참고
	  자료의 〈상대의 마음을 여는 경청 대화법〉(13초∼3분 23초)을 참고하여 지도한다.**
	
	⚙ [모둠] 활동3. 마음 알아주기 연습(17분) 학습지 7-1 학습지 7-2 학습지 7-3
	
	  〈활동 순서〉
	  1. 4인 1모둠으로 활동 준비하기
	  2. 각자 학습지 7-2 의 반응 주사위를 자르고 풀칠하여 반응 주사위를 만들기
	  3. 상황 1∼4 카드를 섞어서 책상에 뒤집어 놓기

	4. 가위바위보를 하여 순서 정하기 5. 이긴 사람부터 카드를 뒤집어 상황에 맞는 표정을 지으며 상황카드 읽기 6. 나머지 모둠원은 돌아가면서 반응 주사위를 던져 나오는 반응을 표현하기 7. 반응 주사위의 내용을 잘 표현한 사람은 주사위에 적힌 점수 획득하기(점수는 학습지 7-3 에 　기록) 8. 상황 5~8, 상황 9~12 카드로 놀이 반복하기 9. 점수를 많이 얻은 사람이 이김
	유의점: 상황카드의 내용과 읽는 사람의 표정을 잘 관찰하여, 적절하게 반응하도록 한다.
정리 (5′)	⏻ 정리하기 　– 대화를 할 때 상대방의 말에 집중하고 적절한 반응을 보이면 상대방과 더 좋은 관계를 유지할 　　수 있습니다. ⏻ 나누기 　– 일주일 동안 '마음을 알아주는 대화 방법'을 친구들과 대화할 때 사용해 보세요.

마음을 알아주는 대화

학년   반   이름

🔔 마음을 알아주는 대화 〈상황카드〉

✂

상황 1

나 어제 이를 뽑았어.

상황 2

오늘 아침밥을 못 먹어서 배가 고파.

상황 3

지난주에 할머니께서 돌아가셨어.

상황 4

어제 태권도 검은 띠로 승급했어.

상황 5

어제 엄마가 많이 편찮으셨어.

상황 6

얘들아, 오늘 내 생일이야.

상황 7

친구가 내 물건을 함부로 가져갔어.

상황 8

나는 발표하는 것이 겁이 나.

상황 9

아빠가 3년 동안 외국으로 출장 가신대.

상황 10

내 신발이 없어졌어. 어떻게 해?

상황 11

친구가 나를 따돌려.

상황 12

어제 부모님께서 갖고 싶었던
장난감을 사 주셨어.

마음을 알아주는 대화

학년   반   이름

🔔 마음을 알아주는 대화 〈반응 주사위〉

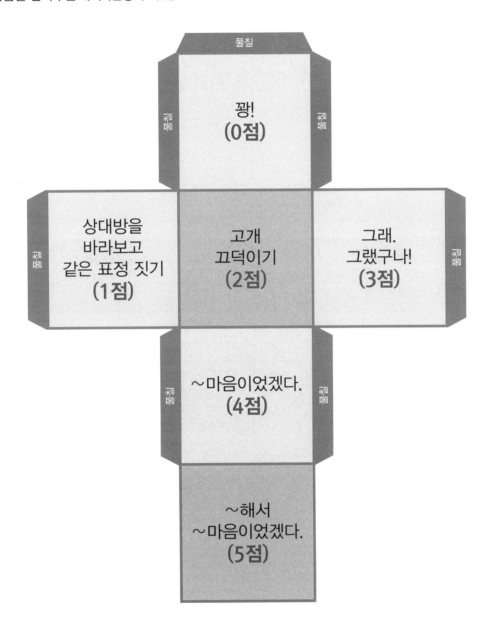

마음을 알아주는 대화

학년   반   이름

● 마음을 알아주는 대화 〈점수판〉

상황카드＼이름	이름: ( )	이름: ( )	이름: ( )	이름: ( )
상황카드 **1**	점	점	점	점
상황카드 **2**	점	점	점	점
상황카드 **3**	점	점	점	점
상황카드 **4**	점	점	점	점
총점	점	점	점	점

상황카드＼이름	이름: ( )	이름: ( )	이름: ( )	이름: ( )
상황카드 **5**	점	점	점	점
상황카드 **6**	점	점	점	점
상황카드 **7**	점	점	점	점
상황카드 **8**	점	점	점	점
총점	점	점	점	점

상황카드＼이름	이름: ( )	이름: ( )	이름: ( )	이름: ( )
상황카드 **9**	점	점	점	점
상황카드 **10**	점	점	점	점
상황카드 **11**	점	점	점	점
상황카드 **12**	점	점	점	점
총점	점	점	점	점

※ 자신이 대답한 상황카드에만 점수를 기록합니다.

3~4학년 분노조절	8. 화를 숫자로 표현해 보아요

🔽 학습목표

1. 화를 숫자로 표현할 수 있다.
2. 화 조절 기술을 말할 수 있다.
3. 화가 날 때 화 조절 기술을 활용할 수 있다.

🔽 활동개요

단계	활동	준비물
도입	• 나의 마음에 집중하기 • 전시학습 상기 및 동기 유발하기 • 공부할 문제 안내하기	〈교사〉 명상곡, PPT 중-8
전개	• 활동1: 화를 숫자로 표현해 보기 • 활동2: 화 조절 기술 카드 만들기 • 활동3: 상황에 적절한 화 조절 기술 찾기(모둠)	〈교사〉 PPT 중-8 〈학생〉 학습지 8-1, 8-2
정리	• 정리 및 나누기	

학습지 8-1 [출처] 이미경, 홍상황(2007). 초등학생의 분노유발상황에 초점을 둔 인지행동적 분노조절 프로그램의 효과. 한국심리학회지: 학교, 4(1), 1-22.

🔽 지도상 유의점

- 화가 나는 상황 및 화를 가라앉히는 방법에 관해 창의적인 사례가 나올 수 있도록 독려하고 사례를 학급 전체와 공유한다.
- 화를 가라앉히는 방법 중 교실 안에서 할 수 있는 활동은 간단히 실행해 본다.
- 화가 났을 때 멈추는 것의 중요성은 저학년 6차시 분노조절을 참고한다.

🔽 학부모 알림장

다음 내용을 학급 홈페이지 알림장에 올려, 오늘 배운 내용을 가정에서도 연습할 수 있도록 합니다.

- 오늘은 화를 가라앉히는 다양한 방법에 대해 배웠습니다. 자녀들이 화가 났을 때 오늘 배운 기술들을 활용할 수 있도록 격려해 주시고, 부모님께서도 활용해 보십시오.
  예) 20번 정도 깊게 숨쉬기, 화난 감정을 글이나 그림으로 표현해 보기, 빠른 속도로 달려 보기, 100까지 세어 보기, 문제에 대해 누군가에게 이야기하기, 밖에서 놀기, 음악 듣기

단계	학습 과정

도입
(5′)
	⏻ 나의 마음에 집중하기 명상곡
	
	⏻ 전시학습 상기하기: 공부한 내용 및 과제 확인하기
	
	⏻ 동기 유발하기
	◆동영상 감상하기: 유튜브 〈숫자송〉 (1분 19초)
	  –숫자는 우리 생활에서 어떻게 쓰이나요? 여러 가지에 쓰이지만 바람의 세기처럼 강도를 표현하기 위해 숫자를 사용하기도 하지요.
	
	⏻ 공부할 문제 안내하기
	
	  화를 숫자로 표현해 봅시다.

전개
(31′)
	⏻ 학습순서 안내하기(1분)
	활동1. 화를 숫자로 표현해 보기
	활동2. 화 조절 기술 카드 만들기
	활동3. 상황에 적절한 화 조절 기술 찾기
	
	⏻ 활동1. 화를 숫자로 표현해 보기(8분) 학습지 8-1
	  –어떤 물건을 설명할 때 숫자를 사용하면 좀 더 구체적으로 사물을 표현할 수 있어요. 예를 들면, "책상이 크다."라고 말하기보다 "책상이 1m야."라고 말하면 상대방은 책상을 더욱 정확하게 떠올릴 수 있지요. 마찬가지로, 감정을 표현할 때도 숫자를 사용하면 우리가 어느 정도 감정을 느끼는지를 정확히 알 수 있답니다.
	◆'우리가 화가 나는 상황'을 읽고, 각각의 상황에서 나는 어느 정도 화가 나는지 1(거의 화가 나지 않는다)에서 10(매우 화가 난다)까지의 숫자로 상황 오른쪽 첫 번째 빈칸에 적어 보기
	
	⏻ 활동2. 화 조절 기술 카드 만들기(15분) 학습지 8-2
	◆화 조절 기술 살펴보기
	◆자신만의 화 조절 기술 카드 만들기
	  –언제든 화가 날 때 꺼내 볼 수 있는 화 조절 기술 카드를 만들어 봅시다.
	  유의점: 자신만의 화 조절 기술을 함께 공유할 수 있는 기회를 갖는다.
	
	⏻ 활동3. 상황에 적절한 화 조절 기술 찾기(7분) 학습지 8-1
	◆'우리가 화가 나는 상황' 각각에 화 조절 기술 카드의 내용 중 적절한 기술을 골라 적기
	◆그 기술을 사용하면 화가 어느 정도 낮아질 것 같은지 적기(숫자로 표현)
	◆[모둠] 적은 내용을 모둠원과 나누기
	  유의점: 화가 나는 상황에서 적절한 화 조절 기술을 사용해 화가 줄어든 것을 학생들이 알아차리도록 학습지 8-1 에서 숫자의 변화를 지적한다.

	⏻ 정리하기
정리 (4´)	– 화가 날 때 내가 어느 정도 화가 났는지를 숫자로 생각해 보고 적절한 화 조절 기술을 활용한 다면 내 화를 더 잘 조절할 수 있고, 부모님, 선생님, 친구들과 더 잘 지낼 수 있을 것입니다. ⏻ 나누기 – 숫자로 표현했을 때 5 이상으로 화가 났던 순간이 언제인지 살펴봅시다.

화를 숫자로 표현해 보기

학년   반   이름

🔔 각 상황에서 나는 어느 정도 화가 나는지를 1(거의 화가 나지 않는다)에서 10(매우 화가 난다)까지의 숫자로 표현해 보세요. 숫자가 클수록 화가 많이 나는 것을 뜻해요.

	상황	화의 크기 (1~10)	적절한 화 조절 기술	화의 크기 (1~10)
1	어떤 일을 하기 싫은데, 부모님이나 나보다 나이 많은 사람이 억지로 시킨다.			
2	부모님께서 나에게 잔소리를 하신다.			
3	부모님께서 약속을 지키지 않으신다.			
4	수업이나 다른 일 때문에 늦었는데 부모님이나 선생님께 꾸중을 들었다.			
5	친하게 지내던 친구들이 나를 따돌리고 자기들끼리만 논다.			
6	내가 친구에게 기다려 달라고 했을 때는 기다려 주지 않고, 오히려 나에게 기다려 주지 않는다고 화를 낸다.			
7	친하다고 생각한 친구가 뒤에서 내 욕을 한다.			
8	축구나 놀이 활동을 하는데 내가 못한다고 끼워 주지 않았다.			
9	다른 친구들도 떠들었는데 선생님은 나만 지적한다.			
10	친구가 "~같다"고 나를 놀린다 (예: 원숭이 같다고 놀린다).			

화 조절 기술 카드

학년   반   이름

깊게 숨쉬기 20번

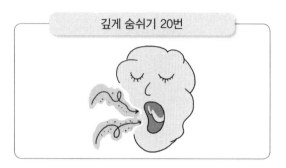

화난 감정을 그림으로 표현해 보기

빠른 속도로 달려 보기

화난 감정을 글로 써 보기

100까지 세어 보기

문제에 대해 누군가에게 이야기하기

밖에서 놀기

음악 듣기

🔔 나만의 화 조절 기술 카드

■자기인식 ■자기관리 □사회적 인식 □관계기술 □책임 있는 의사결정

3~4학년
스트레스

9. 스트레스 줄이는 행복부채

🔽 학습목표

1. 스트레스의 의미에 대해서 말할 수 있다.
2. 스트레스 상황과 그로 인한 신체반응을 이해할 수 있다.
3. 스트레스를 줄이는 방법을 실천할 수 있다.

🔽 활동개요

단계	활동	준비물
도입	• 나의 마음에 집중하기 • 전시학습 상기 및 동기 유발하기 • 공부할 문제 안내하기	〈교사〉 명상곡, PPT 중-9
전개	• 활동1: 스트레스에 대해 알아보기(모둠) • 활동2: 스트레스를 줄이는 방법	〈교사〉 PPT 중-9, 교사자료 9-1 〈학생〉 학습지 9-1, 9-2, 색종이(1인당 5장)
정리	• 정리 및 나누기	• 게시판 활용

🔽 지도상 유의점

- 활동2에서 신체적 긴장을 풀어 주는 방법을 천천히 반복하면 더 많은 시간이 소요되므로 적절한 수업시간을 확보한다.
- 활동2에서 평온한 체조 진행 시 옆 사람과 거리를 확보한다. 또한 자세를 안내할 때는 몸의 변화나 자세를 할 때의 유의점을 안내한다.

🔽 학부모 알림장

다음 내용을 학급 홈페이지 알림장에 올려, 오늘 배운 내용을 가정에서도 연습할 수 있도록 합니다.

- 오늘 스트레스를 줄이는 방법에 대해 배웠습니다. 자녀가 배운 스트레스 해소 방법을 함께 이야기 나눠 주세요. 그리고 부모님께서 사용하는 스트레스 해소 방법 중 자녀가 사용하기에 적절한 방법이 있다면 자녀에게 알려 주세요.
  예) 아빠는 일이 많아서 힘들 때 잠시 일어나 밖으로 나와서 산책을 하기도 한단다.

단계	학습 과정
도입 (5′)	⏻ 나의 마음에 집중하기 명상곡 ⏻ 전시학습 상기하기: 공부한 내용 및 과제 확인하기 ⏻ 동기 유발하기 ◆연필 꽉 쥐기 – 여러분 연필을 왼쪽 손바닥에 쥐고 주먹에 힘을 꽉 쥐어 보세요. (잠시 뒤) 온 힘을 다해 더 꽉 쥐어 보세요. 이제 손에 힘을 서서히 풀면서 여러분의 몸이 어떻게 변하는지 느껴 보세요. 만약 여러분이 힘든데도, 선생님이 계속해서 연필을 꽉 쥐라고 한다면 어떤 일이 벌어질까요? **예) 연필을 쥐고 있는 동안 생기는 신체반응: 손, 팔, 어깨가 긴장하고, 하기 싫다는 생각과 함께 짜증이 나며, 오랫동안 하면 화가 날 수도 있음** ⏻ 공부할 문제 안내하기 스트레스를 줄이는 방법에 대해 알아봅시다.
전개 (31′)	⏻ 학습순서 안내하기(1분) 활동1. 스트레스에 대해 알아보기 활동2. 스트레스를 줄이는 방법 ⏻ 활동1. 스트레스에 대해 알아보기(10분) 학습지 9-1 ◆스트레스의 의미 알기 스트레스: 어려운 상황에서 부딪히는 문제를 자신의 능력으로 잘 처리하지 못한다고 느낄 때 경험하는 신체적, 정신적 긴장 상태 **예) 연필을 더 이상 쥐고 있을 수 없어서 힘든 상태** ◆[모둠] 나의 스트레스 상황 나누기 공부, 시험, 친구 관계, 외모, 가정불화, 기다려야 하는 긴 줄, 약 올리는 친구, 공부시간에 들리는 핸드폰 소리 등 ⏻ 활동2. 스트레스를 줄이는 방법(20분) – 여러분이 꽉 쥔 연필을 놓았을 때 어땠나요? 편안해지거나 홀가분한 느낌이 들었을 거예요. 이제 스트레스로 생긴 신체적, 정신적 긴장을 풀어 주는 방법을 알아보고, 직접 해 볼 거예요. ◆신체적 긴장을 풀어 주는 방법: 평온한 숨쉬기, 평온한 체조 – 신체적 긴장을 풀어 주는 방법으로 숨쉬기, 체조하기, 달리기, 운동하기 등의 다양한 방법이 있어요. 그중에서 숨쉬기와 체조하기를 해 볼게요. 먼저, 평온한 숨쉬기는 우리가 일상생활에서 어디서든 쉽게 사용할 수 있는 방법이에요. 조용한 공간이면 좋지만, 다소 시끄럽더라도 눈을 감고 숨소리에 집중하다 보면 두근거림이 가라앉고 긴장이 풀어집니다.

〈평온한 숨쉬기〉

1. 눈을 감고 조용히 나의 코에서 나오는 숨소리에 집중하세요.
2. 스트레스가 몸 밖으로 나가는 상상을 하면서, 배가 쏘옥 들어가게 최대한 숨을 내쉬세요.
3. 나에게 힘을 주는 에너지가 들어온다고 생각하면서 최대한 숨을 들이쉬세요.

– 평온한 체조는 앉은 자세에서 할 수 있는 긴장 이완법으로, 학교나 집에서도 쉽게 사용할 수 있는 방법이에요. 빠르게 하려고 하지 말고, 천천히 몸의 변화를 느끼면서 바른 자세로 해 주세요.

〈평온한 체조〉

1. 앉은 자세에서 무릎 사이에 주먹이 들어갈 만큼 다리를 벌리고, 손을 무릎 위에 올리세요.
2. 허리를 바르게 세우고 천천히 숨쉬기를 하며, 몸의 변화를 느껴 보세요.
3. 얼굴을 천천히 왼쪽으로 돌리세요. 오른쪽으로 돌리세요. (5회)
4. 두 팔은 팔짱을 끼고 가슴 높이로 든 다음, 허리와 골반이 움직이지 않게 두 팔을 천천히 좌로, 다시 우로 돌리세요. (5회)
5. 양손을 깍지를 끼고, 손바닥이 하늘을 보게 올리세요. 목과 팔을 뒤로 젖힐 수 있는 만큼 천천히 젖히세요. (5회)

◆ 정신적 긴장을 풀어 주는 방법: 부채 만들기, 명언 쓰기 `학습지 9-2` `교사자료 9-1`

– 정신적 긴장을 풀어 주는 방법에는 노래를 부르거나 예술품을 만들거나 혹은 글로 표현하는 방법 등이 있어요. 이 중에서 오늘은 부채를 만들고, 그 안에 나에게 힘을 주는 명언을 적어 볼 거예요.

〈스트레스를 줄이는 행복부채〉

1. `학습지 9-2` 를 자른다.
2. 내 마음에 드는 명언을 고른다.
   유의점: 모둠별 명언 목록(`교사자료 9-1`)을 제공하되, 자신이 좋아하는 글귀나 주변 사람들이 해 줬던 말 중에서 힘이 되었던 내용을 생각할 시간을 준다.
3. 부채를 만들면서 어떤 기분이나 생각이 들었는지 짝과 이야기를 나눈다.

– 만들거나 쓰는 활동은 마음을 가라앉히고 현재에 집중할 수 있게 해 줍니다. 명언을 쓴 행복부채는 여러분이 힘들 때 읽어 보세요.

정리
(4′)

🕐 정리하기

– 오늘은 스트레스가 무엇인지 배웠고 신체적, 정신적 긴장을 풀어줌으로써 스트레스를 줄이는 방법을 배웠어요. 평온한 숨쉬기, 평온한 체조, 행복부채 만들기를 배웠는데 이 외에도 다양한 방법들이 있어요.

🕐 나누기 `학습지 9-2`

– 오늘 배운 스트레스 해소 방법을 사용해 보고 느낌이 어땠는지 메모지에 써 보세요. 더 좋은 방법이 있다면 친구들과 나눌 수 있도록 게시판에 붙여 주세요.

스트레스에 대해 알아보기

학년   반   이름

🔔 스트레스는 무엇일까요?

우리는 어렵고 힘든 상황에서 부딪히는 문제를 이겨 내기 힘들 때가 있어요. 이럴 때 몸이 피곤하거나 아프기도 하고, 긴장되거나 마음이 불편해지는 것을 스트레스라고 합니다.

🔔 내가 스트레스를 받을 때는 언제인지 이야기 나눠 보세요.

1.

2.

3.

4.

스트레스를 줄이는 행복부채

학년 반 이름

learning 지
9-2

명언 목록

🔔 다음의 명언을 활용하여 스트레스를 줄이는 행복부채(학습지 9-2)를 만들어 보세요.

세상 모든 일은 여러분이 무엇을 생각하느냐에 따라 일어납니다.
– 오프라 윈프리

절대로 포기하지 마라. 절대로!
– 윈스턴 처칠

승리하면 조금 배울 수 있고, 실패하면 모든 것을 배울 수 있다.
– 그리스티 매튜슨

행복은 자기도 모르게 스스로의 힘으로 사랑받고 있다는 확신이다.
– 빅토르 위고

나는 똑똑한 것이 아니라 단지 문제를 더 오래 연구할 뿐이다.
– 알버트 아인슈타인

무언가 하고 싶은 사람은 방법을 찾아내고 아무것도 하기 싫은 사람은 구실을 찾아낸다.
– 아라비아 격언

괴로운 시련처럼 보이는 것이 뜻밖의 좋은 일일 때가 많다.
– 오스카 와일드

한가로운 시간은 그 무엇과도 바꿀 수 없는 재산이다.
– 소크라테스

실패는 성공을 맛내는 양념이다.
– 트루먼 카포티

우리는 우리가 늘 생각하는 것이 된다. 그것이 가장 묘한 비밀이다.
– 얼 나이팅게일

해보지 않고는 당신이 무엇을 해낼 수 있는지 알 수가 없다.
– 프랭클린 아담

작지만 확실한 행복을 찾자.
– 2018 트렌드 용어

즐겁고 좋아하는 일을 자주 하라.
– 디에너

위대한 사람은 목표가 있고, 평범한 사람은 소망이 있을 뿐이다.
– 워싱턴 어빙

행복은 마음의 평온에 있다.
– 키케로

꿈은 실패했을 때 끝나는 게 아니라 포기했을 때 끝나는 것이다.
– 리처드 닉슨

과정에서 재미를 느끼지 못하는데 성공하는 일은 거의 없다.
– 데일 카네기

패배의 공포가 승리의 짜릿함보다 커지게 하지 마라.
– 로버트 키요사키

기회는 일어나는 것이 아니라 만들어 내는 것이다.
– 크리스 그로서

행복은 사소한 일에서 곧바로 즐거움을 알아채는 것이다.
– 휴 월폴

3~4학년
학교폭력

10. 폭력에 맞서요

🔽 학습목표

1. 폭력적인 상황에서 적절한 대처 방법을 찾을 수 있다.
2. 우리 반 폭력 예방 규칙을 만들 수 있다.
3. 폭력에 맞서 적절한 방법으로 대처할 수 있다.

🔽 활동개요

단계	활동	준비물
도입	• 나의 마음에 집중하기 • 전시학습 상기 및 동기 유발하기 • 공부할 문제 안내하기	〈교사〉 명상곡, PPT 중-10
전개	• 활동1: 폭력적인 상황에서 적절한 대처 방법 찾기 • 활동2: 우리 반 폭력 예방 규칙 만들기 • 활동3: 폭력에 맞서는 연습하기 [공간 배치]	〈교사〉 PPT 중-10, 교사자료 10-1, 10-2, 상자, 사탕(학생 수), 보상용 스티커(학생 1인당 2개 이상) 〈학생〉 학습지 10-1
정리	• 정리 및 나누기	• 게시판 활용(학급 게시물)

🔽 지도상 유의점

● [공간 배치] 4인 1모둠 활동 후 전체 활동을 위해 책상을 밀어 공간을 넓힌다.
● 이 수업은 피해 학생과 주변 친구들의 역량을 키우는 활동이므로 폭력을 당했거나 보았을 때 자신의 주장을 분명히 말하고, 특히 주변 친구들은 신속하게 피해 학생을 보호해 주어야 함을 강조하여 지도한다.
● 교사는 동물카드(교사자료 10-2)를 반별 인원 수에 맞게 사용한다. 동물카드는 30개이므로 그 이상의 인원은 미리 준비한다.

🔽 학부모 알림장

다음 내용을 학급 홈페이지 알림장에 올려, 오늘 배운 내용을 가정에서도 연습할 수 있도록 합니다.

● 오늘은 폭력적인 상황을 당하거나 보았을 때 대처 방법을 연습했습니다. 자녀가 부당하게 폭력 상황에 처할 경우에 "하지 마!" "싫어!" "멈춰!"를 큰 소리로 외치는 것이 중요함을 부모님께서도 말씀해 주세요.

단계	학습 과정
도입 (5′)	⏻ 나의 마음에 집중하기 명상곡 ⏻ 전시학습 상기하기: 공부한 내용 및 과제 확인하기 ⏻ 동기 유발하기 ◆동영상 감상하기: 교육부 학교폭력 예방교육 영상 〈난 상관없어〉 (2분 20초) ⏻ 공부할 문제 안내하기 폭력에 대처해 봅시다.
전개 (30′)	⏻ 학습순서 안내하기(1분) 활동1. 폭력적인 상황에서 적절한 대처 방법 찾기 활동2. 우리 반 폭력 예방 규칙 만들기 활동3. 폭력에 맞서는 연습하기 ⏻ **활동1. 폭력적인 상황에서 적절한 대처 방법 찾기(5분)** – 학습지 10-1 을 보고 각각 어떤 상황인지 이야기해 봅시다. –폭력적인 상황에서 가장 적절하게 대처한 것은 무엇입니까? (㉯-2) –네. 괴롭힘 당하는 사람은 싫다고 분명히 표현해야 하고, 주변 사람들은 괴롭힘 당하는 사람을 적극적으로 도와주는 것이 폭력을 예방하는 길입니다.

괴롭힘을 당할 때	괴롭힘을 보았을 때
• "하지 마!"라고 말하기 • "싫어!"라고 말하기 • 단호하게 말하기 • 도움을 구하기(친구, 선생님, 부모님)	• "멈춰!" "하지 마!"라고 말하기 • 괴롭히는 친구 말리기 • 괴롭힘 당한 친구 보호하기 • 도움 구하기(친구, 선생님, 부모님)

⏻ **활동2. 우리 반 폭력 예방 규칙 만들기(9분)**
◆[모둠] 모둠별로 우리 반의 폭력 예방 규칙 토의하기
◆우리 반 폭력 예방 규칙 정하기
유의점: 우리 반에서 실천할 수 있는 내용으로 간단한 규칙을 정하여 학급에 게시하여 생활화한다.

⏻ **활동3. 폭력에 맞서는 연습하기(15분)** 교사자료 10-1 교사자료 10-2 보상용 스티커

〈활동 순서〉
1. 교실 책상을 밀어 넓은 공간을 마련한다.
2. 학생들은 상자에서 동물카드를 뽑아 자신의 역할을 확인하고 동그랗게 앉는다.
3. 활동 전에 "멈춰!" "하지 마!" "싫어!"를 큰 소리로 함께 외치는 연습을 한다.

	4. PPT 화면에서 지명되는 동물 역할의 학생들은 2초 이내에 가운데로 재빨리 나와서 화면의 대사를 보고 자신의 역할을 그대로 연기한다. 예) PPT1〉 호랑이, 토끼 나오세요. 　　PPT2〉 호랑이: (토끼를 손가락질하며) 쪼그만 게 힘도 하나도 없대요! 　　PPT3〉 토끼: 놀리지 마! 　　PPT4〉 치타, 곰 나오세요. 　　PPT5〉 치타, 곰: (토끼를 보호하며) 호랑이 너 토끼 놀리지 마! 토끼 기분 나쁘잖아. 5. 교사는 시간 안에 자신의 역할을 잘한 사람의 팔에 보상 스티커를 붙여 준다. 6. 활동 후에 스티커가 하나라도 붙어 있는 학생은 사탕을 상품으로 받는다. 7. 도움을 주는 동물들이 많아질 때 어떤 느낌을 받았는지 이야기해 본다. 유의점: 활동이 빨리 끝났더라도 같은 내용을 반복해서 연습하도록 한다. 교사는 PPT자료 내용을 차례대로 진행하고, PPT에 없는 동물도 불러내서 새로운 상황을 주며 추가 연습을 시켜도 좋다. 학생 팔에 붙여 줄 보상용 스티커 없을 때에는 교사가 칠판에 학생의 이름을 적어 주어도 좋다. 제시된 역할극 대본 이후에 어떤 일이 계속해서 일어날 수 있을지 예상하며 역할극을 더 연습해 볼 수 있다. 또한 극도로 흥분한 두 친구의 폭력적인 상황에서 주변 친구들이 가해자를 지목하여 탓하기보다는 잠시 둘이 떨어져 진정할 시간을 가질 수 있게 도와주도록 지도한다.
정리 (5′)	⏻ 정리하기 　– 괴롭히는 학생에게 싫다는 자기 생각을 분명히 전달하고, 주변 친구들이 모두 함께 나서서 괴롭힘 당하는 학생을 도와준다면 상대방의 잘못된 행동을 멈출 수 있어요. ⏻ 나누기 　– 일주일 동안 우리 반 폭력 예방 규칙 중에서 폭력 상황을 보았을 때 "하지 마!" "싫어!" "멈춰!" 외치기를 실천해 봅시다.

폭력에 맞서요

학년　　반　　이름

🔔 그림에서 친구들의 행동이 어떻게 다른지 생각해 보세요.

폭력에 맞서요

🔵 폭력에 맞서는 연습 〈PPT〉

PPT1〉 하이에나, 말 나오세요.
PPT2〉 하이에나: "너 팽이 나한테 줘! 너 팽이 나한테 달라고!"
PPT3〉 말: "내 물건 자꾸 달라고 하지 마!"
PPT4〉 원숭이 나오세요.
PPT5〉 원숭이: "하이에나 너 자꾸 말에게 물건 달라고 하지 마! 그건 나쁜 거야!"

PPT1〉 호랑이, 토끼 나오세요.
PPT2〉 호랑이: (손가락질하며) "쪼그만 게 힘도 하나도 없대요!"
PPT3〉 토끼: "놀리지 마!"
PPT4〉 치타, 곰 나오세요.
PPT5〉 치타, 곰: (토끼를 보호하며) "호랑이 너 토끼 놀리지 마! 토끼 기분 나쁘잖아."

PPT1〉 백조, 타조 나오세요.
PPT2〉 백조: (손가락질하며) "날지도 못하는 게. 하하하!"
PPT3〉 타조: "놀리지 마!"
PPT4〉 너구리, 펭귄, 참새, 오리 나오세요.
PPT5〉 너구리, 펭귄, 참새, 오리: (타조를 보호하며) "백조 너 타조 놀리지 마! 그건 폭력이야!"

PPT1〉 코끼리, 개구리, 양 나오세요.
PPT2〉 코끼리: (둘을 가리키며) "너희 둘 가서 내 먹이 좀 가지고 와!"
PPT3〉 개구리, 양: "싫어. 우리에게 심부름 시키지 마! 네 일은 네가 해!"
PPT4〉 하마, 기린, 얼룩말, 늑대, 낙타 나오세요.
PPT5〉 하마, 기린, 얼룩말, 늑대, 낙타: (개구리와 양을 보호하며) "코끼리 너 개구리와 양을 놀리지 마! 입장 바꿔 생각해 봐!"

PPT1〉 너구리, 펭귄, 참새 나오세요.
PPT2〉 너구리: (펭귄의 걸음걸이를 흉내 내며) "뒤뚱뒤뚱. 뒤뚱뒤뚱"
PPT3〉 참새: (너구리를 흉내 내며) "펭귄 걸음걸이 이상해. 재밌다."
PPT4〉 펭귄: "너희들! 나에 대해 함부로 말하지 마."
PPT5〉 닭, 사자, 하이에나, 치타, 원숭이, 잠자리 나오세요.
PPT6〉 닭, 사자, 하이에나, 치타, 원숭이, 잠자리: (펭귄을 보호하며) "너구리, 참새 너희들 펭귄 놀리지 마! 입장 바꿔 생각해 봐!"

PPT1〉 늑대, 오리 나오세요.
PPT2〉 늑대: (손을 들고 때릴 듯이 화를 내며) "오리 너 때문에 놀이에서 졌잖아!"
PPT3〉 오리: (자리를 피하며) "하지 마!"
PPT4〉 호랑이, 토끼, 백조, 타조, 무당벌레, 매미, 참새 나오세요.
PPT5〉 호랑이, 토끼, 백조, 타조, 무당벌레, 매미, 참새: (오리를 보호하며) "멈춰! 늑대야! 그건 폭력이야."

PPT1〉 하마, 기린, 얼룩말 나오세요.
PPT2〉 하마: (얼룩말에게 말한다.) "기린은 목이 너무 길어 마음에 안 들어. 얼룩말아 앞으로 기린하고 놀지 마!"
PPT3〉 얼룩말: "나에게 그런 말 하지 마. 나는 네가 시키는 대로 하는 동물이 아니야."
PPT4〉 기린: "하마야! 나에 대해서 친구들에게 나쁘게 말하는 것 싫어."
PPT5〉 사막여우, 까치, 말, 양, 코끼리, 낙타, 개구리, 딱따구리, 공작 나오세요.
PPT6〉 사막여우, 까치, 말, 양, 코끼리, 낙타, 개구리, 딱따구리, 공작: (기린을 보호하며) "하마야, 친구를 왕따 시키지 마! 그건 폭력이야."

PPT1〉 곰, 닭, 까치, 사자 나오세요.
PPT2〉 곰, 사자: (닭, 까치에게) "너희들 가지고 있는 장난감 중에 제일 좋은 것으로 우리에게 내놔!"
PPT3〉 닭, 까치: "우리 물건 빼앗지 마! 선생님께 말씀 드릴거야!"
PPT4〉 닭, 까치를 보호해 줄 친구는 모두 나오세요.
PPT5〉 모두들: "곰, 사자 너희들 친구 괴롭히지 마! 그건 폭력이야."

폭력에 맞서요

🔔 폭력에 맞서는 연습용 〈동물카드〉

호랑이

토끼

늑대

곰

백조

타조

너구리

펭귄

참새

오리

닭

사자

하이에나

치타

원숭이

하마

기린

얼룩말

사막여우

까치

말

양

코끼리

낙타

개구리

딱따구리

공작

잠자리

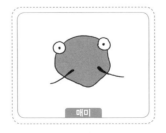

매미

무당벌레

학급 게시물

🔔 아래 게시물을 학급에 게시해 주세요.

〈학교폭력의 예〉

따돌림

신체폭력

물건 뺏고 망가트리기

놀리거나 욕하기

심부름 시키기

무시하기

원하지 않는 접촉

거짓 소문내기

문자로 욕하기

3~4학년
의사소통

11. 미안해

🔸 학습목표

1. 사과의 의미를 알 수 있다.
2. 상대방에게 진심으로 사과의 말을 할 수 있다.
3. 자신의 잘못을 인정하고 상대에게 사과하는 태도를 기른다.

🔸 활동개요

단계	활동	준비물
도입	• 나의 마음에 집중하기 • 전시학습 상기 및 동기 유발하기 • 공부할 문제 안내하기	〈교사〉 명상곡, PPT 중−11, 동영상 자료 11−1
전개	• 활동1: 사과의 의미 알기 • 활동2: 사과의 기술 익히기 • 활동3: 진심으로 사과하기 [공간 배치]	〈교사〉 PPT 중−11 〈학생〉 학습지 11−1, 11−2
정리	• 정리 및 나누기	

🔸 지도상 유의점

● [공간 배치] 활동3에서 학생들이 돌아다닐 수 있도록 책상과 의자를 교실 벽면에 붙여 ㄷ자 형태로 배치한다.
● "미안해"라는 말을 정확하게 할 수 있도록 한다.
● 사과할 때에는 변명이 아닌, 잘못한 행동 그 자체에 초점을 맞추는 것이 중요함을 지도한다.

🔸 학부모 알림장

다음 내용을 학급 홈페이지 알림장에 올려, 오늘 배운 내용을 가정에서도 연습할 수 있도록 합니다.

● 오늘 사과의 의미와 사과하는 방법을 배웠습니다. 부모님께서도 아이에게 사과해야 하는 상황에서 진심으로 사과해 주세요. 그리고 아이가 변명이 아닌, 잘못에 대해 진심으로 사과하는 말을 한다면 따뜻하게 수용해 주세요.

단계	학습 과정
도입 (5´)	⏱ 나의 마음에 집중하기 ⏱ 전시학습 상기하기 ◆학교폭력의 사례를 이야기해 보기 ⏱ 동기 유발하기 `동영상 자료 11-1` ◆동영상 감상하기: 유튜브 〈친구야 미안해 사랑해〉 ◆사과에 관한 이야기 들려주기 ⏱ 공부할 문제 안내하기 　　진심이 담긴 사과의 말을 해 봅시다. 유의점: '사과' 단어를 빈칸으로 제시하여 활동1의 수수께끼의 정답을 찾은 후, 빈칸에 '사과'를 넣어 공부할 문제를 완성한다.
전개 (31´)	⏱ 학습순서 안내하기(1분) 활동1. 사과의 의미 알기 활동2. 사과의 기술 익히기 활동3. 진심으로 사과하기 ⏱ 활동1. 사과의 의미 알기(10분) ◆세 고개 수수께끼로 사과의 의미 이해하기 　　• 첫 번째 고개–미국에서 성인을 대상으로 조사한 결과, 억대 연봉을 받는 사람은 연봉 3천만 원 이하의 사람들보다 ○○를 잘하는 사람이었다. 　　• 두 번째 고개–진심 어린 ○○는 사람들의 마음을 움직여 위기를 기회로 바꿀 수 있다. 　　• 세 번째 고개–○○란 자기의 잘못을 인정하고 용서를 비는 것이다. 　– ○○은 무엇일까요? (사과) 　–'사과하기' 하면 무엇이 떠오르나요? (잘못, 용서, 미안해 등) 　–사과는 세 번째 고개가 설명하는 대로, 자기의 잘못을 인정하고 용서를 비는 것을 의미합니다. ◆사과해야 하는 상황 알기 　–상대가 사과해서 내 마음이 풀렸거나, 상대가 사과하지 않아 마음이 상했던 경험을 떠올려 발표해 봅시다. 　　• 누군가를 놀리거나 못되게 굴었을 때 　　• 내 행동으로 상대방이 다치거나 피해를 보았을 때 　　• 약속을 지키지 않았을 때

◆ 사과의 필요성 알기

> • 상황 1 – 친구가 내 기분을 상하게 해 놓고 사과하지 않아요.
> • 상황 2 – 부모님이 나와 한 약속을 지키지 않아요.

- 사과를 받지 못했다면 나는 상대에게 어떤 기분이 들까요?
- 내가 사과를 받았다면 나는 상대에게 어떤 기분이 들까요?
- 사과하면 좋은 마음으로 관계가 계속될 수 있지만, 사과하지 않으면 상대에게 미움이나 오해가 생겨 관계가 나빠질 수 있습니다.

⏻ **활동2. 사과의 기술 익히기(10분)** 학습지 11-1
◆ '하윤이의 사과' 읽기
◆ 사과의 시기와 말하는 방법 알기

> 1. 사과는 즉시 하기
> 2. 얼굴 마주 보며 사과하기
> 3. 상대방의 입장에서 생각해 보기
> 4. "미안해"라고 확실히 말하기(미안한 이유를 구체적으로 말하고 변명하지 않기)
> 5. 같은 일이 일어나지 않도록 노력하겠다는 의지를 말하기

⏻ **활동3. 진심으로 사과하기(10분)** 학습지 11-2
◆ 우리 반 친구, 선생님에게 미안했던 일을 떠올려 말로 전하기

> "○○야, 내가 (   )해서 미안해.
> 다음부터는 (   )하지 않도록 할게."

◆ 친구, 가족에게 미안했던 일에 사과의 말을 쪽지로 써 보기

정리 (4′)

⏻ **정리하기**
- 사과하는 것은 그만큼 내가 책임감 있고 진실된 사람이라는 의미입니다. 그리고 문제를 해결할 수 있는 능력이 뛰어나다는 것과 내가 더 발전할 수 있는 사람이라는 것을 의미합니다.
◆ 알게 된 점 발표하기
- 오늘 학습을 통해 알게 된 점이나 느낀 점을 발표해 볼까요?

⏻ **나누기**
◆ 한 주 동안 사과해야 할 일이 있었을 때 어떻게 사과했는지 일기 쓰기
◆ 한 주 동안 사과의 말을 들었을 때 기분이 어땠는지 일기에 써 보기

<사과>

자기의 잘못을 인정하고 용서를 비는 것

<사과의 기술>

1. 사과는 즉시 하기

2. 얼굴 마주 보며 사과하기

3. 상대방의 입장에서 생각해 보기

4. "미안해"라고 확실히 말하기(미안한 이유를 구체적으로 말하고 변명하지 않기)

5. 같은 일이 일어나지 않도록 노력하겠다는 의지를 말하기

사과의 기술

학년   반   이름

🔔 그림에서 친구들의 행동은 어떻게 다른지 생각해 보세요.

> ### [하윤이의 사과]
>
> 미술시간입니다. 오늘은 짝과 협동작품으로 봄꽃 모자이크를 만들게 되었습니다. 하윤이는 의준이와 종이를 절반으로 나누고, 자신이 맡은 면을 즐겁게 완성했습니다. 하윤이는 작품을 마치고 의준이가 맡은 면과 붙여서 완성하려는데, 의준이의 작품은 하윤이가 보기에 좀 덜 예뻐 보였습니다.
> "의준아! 하하하하! 이게 뭐야. 네 작품 완전 웃겨. 애들아 이것 좀 봐."
> 그랬더니 의준이는 얼굴이 빨개져서는 작품을 확 잡아챘고, 작품이 찢어져 버렸습니다.
> "의준아, 왜 그래? 네 작품이 재밌어서 그랬지. 좀 이상하잖아. 내가 붙여 줄게."
> "됐어."
> "왜 그래. 내가 주변 정리 다 해 줄게. 화 풀어."
> "됐어."
> "미안해～미안해～미안해～응?"
> "필요 없어."
> '어떻게 해야 하지? 생각해 보니 내가 의준이었어도 화가 났겠어.'

❓ 알맞은 말에 ○를 해 봅시다.

"미안해"는   빠를수록 좋다   VS   천천히 하는 것이 좋다.

❓ 어떻게 사과하면 의준이의 마음이 풀릴까요? 둘 중 하나를 골라 ○를 해 보세요.

"야, 미안해～미안해～미안해～"   VS   "놀려서 미안해."

"의준아, 미안해. 근데 협동화인데 네가 좀 노력을 안 한 면도 있잖아."   VS   "의준아, 미안해. 내가 놀려서 기분 상했지. 다음부턴 안 그럴게."

❓ 사과의 기술을 정리해 봅시다.

- 상대방의 입장에서 생각해 보기
- 사과는 즉시 하기
- 얼굴 마주 보며 사과하기
- "미안해"라고 확실히 말하기
- 무엇이 미안한지 구체적으로 말하고 변명하지 않기
- 같은 일이 일어나지 않도록 노력하겠다는 의지를 말하기

진심으로 사과하기

학년　　　반　　　이름

🔔 최근에 누군가에게 미안했던 일이 있다면, 어떤 일이 있었는지 쓰세요.

_____

_____

_____

_____

🔔 그때 내가 누구에게 어떻게 사과의 말을 했는지 적어 보세요.

_____

_____

_____

_____

_____

🔔 지금 그 사람을 다시 만난다면, 어떻게 사과의 말을 하고 싶은지 진심을 담아 적어 보세요.

_____

_____

_____

_____

🔔 [선택활동] 위에 적은 사과의 말을 상대방에게 직접 말해 주거나 쪽지로 전달해 주세요.

□자기인식 □자기관리 ■사회적 인식 ■관계기술 ■책임 있는 의사결정

3~4학년
문제해결

12. 갈등해결방법 연습하기

학습목표

1. 갈등의 의미를 알 수 있다.
2. 갈등해결방법을 알 수 있다.
3. 갈등해결방법을 사용할 수 있다.

활동개요

단계	활동	준비물
도입	• 나의 마음에 집중하기 • 전시학습 상기 및 동기 유발하기 • 공부할 문제 안내하기	〈교사〉 명상곡, PPT 중-12
전개	• 활동1: 갈등의 의미 알기(모둠) • 활동2: 갈등해결방법 알기 • 활동3: 갈등해결방법 연습하기(모둠)	〈교사〉 PPT 중-12, 교사자료 12-1, 12-2 〈학생〉 학습지 12-1, 12-2, 12-3, 주사위, 스티커
정리	• 정리 및 나누기	• 게시판 활용

지도상 유의점

- 사람은 누구나 친구, 가족, 이웃 등 다양한 사람들과 갈등을 겪을 수 있으므로 잘 해결하는 것이 중요함을 강조한다.
- 말판 게임을 하면서 갈등해결방법을 사용할 때 실제 상황인 것처럼 연기하도록 한다.

학부모 알림장

다음 내용을 학급 홈페이지 알림장에 올려, 오늘 배운 내용을 가정에서도 연습할 수 있도록 합니다.

- 오늘 갈등해결방법에 대해 배웠습니다. 어떤 방법들에 대해 배웠는지 자녀와 대화를 나눠 주세요.
  또한 부모님께서도 자녀와의 갈등 상황에서 몇 가지 방법을 사용해 보세요.
  예) 친구랑 싸웠을 때 어떻게 하면 될까?

단계	학습 과정
도입 (5′)	⏻ 나의 마음에 집중하기 명상곡 ⏻ 전시학습 상기하기: 공부한 내용 및 과제 확인하기 ⏻ 동기 유발하기 ◆친구와 다투거나 싸워서 갈등이 생겼던 경험 말해 보기 　– 친구와 다투거나 싸운 적이 있나요? 그처럼 갈등이 생겼을 때 어떻게 해결했는지 발표해 볼 　까요? 　유의점: 교사가 갈등이라는 용어를 사용하여 학생들이 인식하도록 한다. ⏻ 공부할 문제 안내하기 　다양한 갈등해결방법을 알아봅시다.
전개 (30′)	⏻ 학습순서 안내하기(1분) 　활동1. 갈등의 의미 알기 　활동2. 갈등해결방법 알기 　활동3. 갈등해결방법 연습하기 ⏻ 활동1. 갈등의 의미 알기(8분) 학습지 12-1 　–'갈등' 하면 생각나는 모습(장면)을 그림으로 간단히 그려 보고, 갈등이 무엇인지 생각해 봅시다. ◆'갈등' 하면 생각나는 모습 그리기 ◆[모둠] '갈등'의 의미 작성하기 ◆모둠원과 의견 나눈 후 전체 의견 나누기 　갈등: 서로 입장, 의견, 생각이 달라서 서로 부딪치거나 사이좋게 지내지 못하는 것 　–살아가면서 누구나 갈등을 경험하며, 친구, 가족, 이웃 등 다양한 사람들과 갈등을 겪으면서 　삽니다. 다른 사람들과 잘 지내기 위해서 우리는 갈등을 잘 해결해야 합니다. ⏻ 활동2. 갈등해결방법 알기(5분) 학습지 12-2 교사자료 12-1 　–갈등을 해결하는 방법에는 어떤 것들이 있을까요? 예를 들어, 주변 사람들(친구, 가족)과 사 　이가 나빠졌을 때 어떻게 하면 좋을지 생각해 보고 말해 봅시다. 　갈등해결방법 여섯 가지: 대화하기, 들어주기, 너(상대방)의 생각과 감정 이해하기, 사과하기, 함 　께 해결방법 찾기, 도움 구하기 　–이처럼 우리는 갈등이 생겼을 때 여러 가지 갈등해결방법을 사용할 수 있습니다. 　유의점: 학생들이 발표하지 못한 갈등해결방법은 교사가 그림(갈등해결방법)을 제시하여 맞추도록 한다. ⏻ 활동3. 갈등해결방법 연습하기(16분) 학습지 12-3 교사자료 12-2 주사위, 스티커 　–말판 게임을 통해 다양한 갈등해결방법을 연습해 보도록 합시다.

	◆ [모둠] 말판 게임 실시하기 〈활동 순서〉 1. 모둠에서 갈등 사례를 선택하고 교사는 스티커 나눠 주기 2. 모둠 전체가 갈등 사례를 읽고, 주사위 던질 사람 순서 정하기 3. 주사위 던진 사람이 나온 숫자의 칸에 있는 갈등해결방법 실연하기 4. 잘했다고 생각되는 학생에게 모둠원들이 스티커 주기 5. 스티커를 가장 많이 받은 학생을 '갈등해결 왕'으로 뽑기
정리 (5′)	⏻ 정리하기 – 우리는 누구나 갈등을 경험합니다. 갈등이 생겼을 때는 대화하기, 들어주기, 상대방의 생각과 감정 이해하기, 사과하기, 함께 갈등해결방법 찾기, 도움 구하기 등 오늘 배운 갈등해결방법들을 사용해 보세요. ◆ 이 시간을 통해 알게 된 점, 느낀 점 발표하기 – 오늘 학습을 통해 새롭게 알게 되었거나 느낀 점을 말해 볼까요? ⏻ 나누기 – 지금까지 자신이 가장 많이 사용한 갈등해결방법과 다음에 사용하고 싶은 방법을 게시판에 적어 보세요. **유의점: 학급 게시판에 갈등해결방법을 적을 공간을 마련하고 학생에게 알려 준다.**

갈등이란?

| 학년 | 반 | 이름 |

🔔 '갈등' 하면 생각나는 모습(장면)을 그림으로 간단히 그려 봅시다.

🔔 위 모습(장면)에서 어떤 갈등이 일어났는지 쓰고, 갈등의 의미를 한 문장으로 쓰세요.

위 장면에서

_____

갈등은

_____

갈등해결방법 알기

학년   반   이름

🔔 '그림'에서 친구들이 사용하는 갈등해결방법은 무엇일까요?

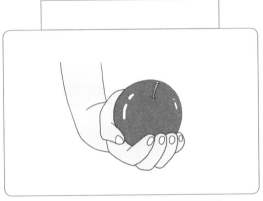

※ 참고: B4 또는 A3로 인쇄해서 칠판에 게시하거나 컴퓨터 화면에 띄워 보여 줍니다.

말판 게임

학년	반	모둠원 이름

◯ 게임 순서

1. 갈등 사례를 읽고 주사위 던질 사람 순서 정하기
2. 주사위를 던져서 나온 숫자의 칸에 있는 갈등해결방법을 행동으로 보여 주기(숫자 '5'는 '꽝', 다음 사람으로, 숫자 '6'은 '한 칸' 뒤로 갑니다.)
3. 잘했다고 생각되는 학생에게 모둠원들이 스티커 주기
4. '갈등해결 왕'(스티커를 가장 많이 받은 학생) 뽑기

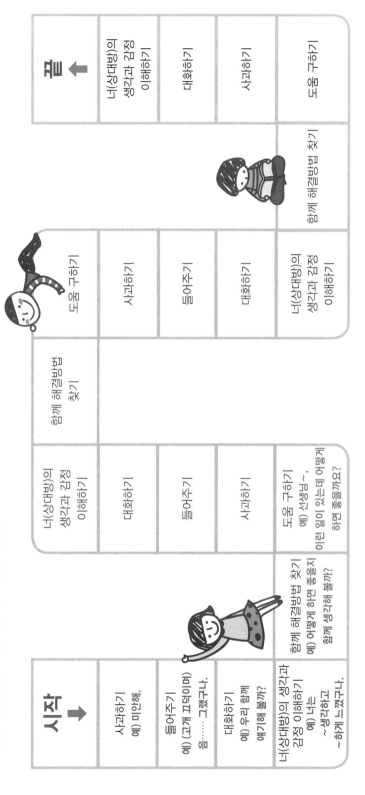

시작 →
- 사과하기 / 예) 미안해.
- 들어주기 / 예) (고개 끄덕이며) 음......그랬구나.
- 대화하기 / 예) 우리 함께 얘기해 볼까?
- 너(상대방)의 생각과 감정 이해하기 / 예) 너는 ~생각하고 ~하게 느끼는구나.

- 너(상대방)의 생각과 감정 이해하기
- 대화하기
- 들어주기
- 사과하기
- 도움 구하기 / 예) 선생님~, 이런 일이 있는데 어떻게 하면 좋을까요?

- 함께 해결방법 찾기 / 예) 어떻게 하면 좋을지 함께 생각해 볼까?

- 함께 해결방법 찾기
- 도움 구하기
- 사과하기
- 들어주기
- 대화하기
- 너(상대방)의 생각과 감정 이해하기

끝 ←
- 너(상대방)의 생각과 감정 이해하기
- 대화하기
- 사과하기
- 도움 구하기

갈등해결방법 알기

🔔 '그림'에서 나타내는 갈등해결방법은 무엇일까요?

대화하기

들어주기

사과하기

함께 해결방법 찾기

너(상대방)의 생각과 감정 이해하기

도움 구하기

※ 참고: B4 또는 A3로 인쇄해서 칠판에 게시하거나 컴퓨터 화면에 띄워 보여 줍니다.

갈등 사례

🔔 아래 점선을 오려서 반으로 접은 후, 모둠에게 하나를 선택하도록 하세요.

── 〈사례 1〉 ──

　며칠 전 나는 아빠한테 새로운 게임기를 선물 받았다고 친구들에게 자랑을 했다. 몇몇 친구들이 게임기를 빌려 달라고 했다. 나는 민재와 승현이에게 게임기를 빌려주었고, 정훈이에게는 빌려줄 수 없다고 말했다.

── 〈사례 2〉 ──

　미술 시간에 엄마가 새로 사 준 크레파스로 열심히 색칠을 하고 있었다. 그런데 짝꿍이 빌려 달라는 말도 하지 않고 내 크레파스를 가지고 색칠을 했다. 그래서 내가 "왜 내 크레파스 갖다 써?"라고 했다. 이에 짝꿍은 "같이 좀 쓰면 어때?"라고 한다. 짝꿍은 이전에도 내 지우개, 연필을 말없이 가져다 쓴 적이 있다.

── 〈사례 3〉 ──

　수업 중에 학습지를 풀고 있는데 짝꿍이 말을 건다. (학습지를 아직 다 풀지 못했는데……) 나는 짝꿍에게 아직 학습지를 다 풀지 못했다고 말했다. 그런데 짝꿍은 계속해서 말을 건다. 나는 도저히 집중해서 학습지를 풀 수가 없어서 짝꿍에게 "시끄러워! 조용히 좀 해!"라고 했다. 짝꿍이 "내가 뭐 어쨌다고 그러냐!"고 한다.

── 〈사례 4〉 ──

　집에서 내가 가장 좋아하는 만화를 보고 있었다. 엄마가 오시더니 갑자기 텔레비전을 끄시면서 방에 들어가서 공부하라고 한다. 이번 주가 시험 기간이라고 하시면서…… 나는 만화 보기 전까지 계속 공부했는데…… 그리고 만화가 끝나면 다시 공부하려고 마음먹었는데…… 하지만 엄마가 내 의견은 묻지도 않고 텔레비전을 꺼버리셨다. 나는 방으로 들어가면서 방문을 "쾅!" 하고 세게 닫았다.

3~4학년
협력

13. SEL Day

🔽 학습목표

1. 협력의 필요성을 알 수 있다.
2. 서로 협력하여 문제를 해결할 수 있다.
3. 공동의 문제를 해결하기 위하여 협력하는 태도로 참여한다.

🔽 활동개요

단계	활동	준비물
도입	• 나의 마음에 집중하기 • 전시학습 상기 및 동기 유발하기 • 공부할 문제 안내하기	〈교사〉 명상곡, PPT 중-13
전개	• 활동1: SEL 되돌아보기 • 활동2: SEL 노래 만들기 • 활동3: SEL 노래 부르기	〈교사〉 PPT 중-13, 휴대전화 〈학생〉 학습지 13-1
정리	• 정리 및 나누기	• 게시판 활용

🔽 지도상 유의점

● 휴대전화가 없을 경우 동영상을 찍을 수 있는 카메라로 대체할 수 있다.
● 개사할 노래는 학생들에게 친숙한 노래를 활용한다.

🔽 학부모 알림장

다음 내용을 학급 홈페이지 알림장에 올려, 오늘 배운 내용을 가정에서도 연습할 수 있도록 합니다.

● 오늘 협력에 대해 배웠습니다. 오늘 활동을 하면서 무엇을 배웠는지, 그리고 그것을 배우면서 어떤 생각을 했는지 이야기 나눠 주세요.
● 또 가정에서도 가족이 협력할 수 있는 일이 무엇인지, 어떻게 협력하면 좋을지에 대한 자녀의 생각을 들어 보시고, 부모님의 의견도 말씀해 주세요. 부모님께서 자녀에게 이렇게 협력해야 한다고 강요하거나 심리적 부담을 지우지 않도록 유의해 주세요.

단계	학습 과정
도입 (3′)	⚙ 나의 마음에 집중하기 명상곡 ⚙ 전시학습 상기하기: 공부한 내용 및 과제 확인하기 ⚙ 동기 유발하기 ◆ 노래 부르기: 동요 〈싹트네〉 (2분) ⚙ 공부할 문제 안내하기 　SEL 노래를 만들어 불러 봅시다.
전개 (32′)	⚙ 학습순서 알기(1분) 　활동1. SEL 되돌아보기 　활동2. SEL 노래 만들기 　활동3. SEL 노래 부르기 ⚙ 활동1. SEL 되돌아보기(5분) 학습지 13-1 ◆ [모둠] SEL 활동 정리하기 　– 우리가 SEL 활동을 통해 배운 것들을 노래로 만들어 보는 활동을 해 봅시다. 먼저, 우리가 　어떤 활동을 했는지 떠올려 봅시다. 우리가 SEL 활동을 하면서 기억에 남는 것들을 모둠별 　로 학습지에 정리해 봅시다. 학습지는 생각그물 방법을 사용하여 한 단어 또는 두 단어로 간 　단하게 정리하면 좋겠습니다. 　**예) 강점-내가 잘할 수 있는 것 등** ◆ [모둠] 노래 선택하기 ⚙ 활동2. SEL 노래 만들기(10분) 학습지 13-1 ◆ 노래 개사하기 　– SEL 활동을 하면서 기억에 남는 것, 자신이 했던 생각, 자신의 느낌들을 노래 가사로 만들어 　봅시다. 노래를 만드는 과정에서 모둠 친구들과 의견을 나누며 SEL 활동에서 배운 내용을 　넣어 주세요. ◆ 교사가 학생들에게 익숙한 노래를 제시하여 활동시간 확보하기 　**예) 애국가, 교가, 교과서에 수록된 노래, 유행하는 동요 등** ◆ 노래 불러 보고 가사 수정하기 **유의점: 이 프로그램에서는 노래 저작권 때문에 노래 악보와 가사를 제시할 수 없으니 학생들에게 익숙한 노래를 교사가 제시한다.** ⚙ 활동3. SEL 노래 부르기(16분) ◆ 모둠별로 개사한 노래 부르기 ◆ 모둠별 노래를 동영상으로 녹화하기

	◆전체 동영상 다시 보기
	유의점: 동영상을 학급 홈페이지에 탑재하여도 좋다.
정리 (5′)	⏻ 정리하기
	◆다른 모둠의 동영상을 보고 칭찬하기(칭찬할 점을 구체적으로 찾기)
	예) ○○ 모둠 노래에는 SEL 활동이 여러 개 들어 있어서 칭찬합니다.
	△△ 모둠은 SEL 활동을 하고 난 느낌을 재미있게 표현해서 칭찬합니다.
	– 오늘 활동을 하면서 재미있었던 점이 있었나요?
	– 오늘 활동을 하면서 어려웠던 점이 있었나요?
	⏻ 나누기
	– 우리는 SEL 활동을 통해 어떤 것들을 배웠는지 확인해 보고, 배운 것들을 모둠별로 협력하여 노래로 만들어 보았습니다. 어떤 활동을 했는지 떠올려 보는 과정에서 모둠 친구들이 나와는 다른 활동을 떠올리는 것을 보았나요? 또 노래를 만들면서 나와는 다른 의견들이 나왔나요?
	– 자신과는 다른 생각을 가진 친구들과 함께 활동하면 여러 가지 해결방법을 찾을 수 있습니다. 또한 여러 명이 협력하면 힘을 적게 들이고도 문제를 해결할 수 있습니다.

함께하는 SEL

🔔 SEL 활동에서 생각나는 것을 정리해 봅시다.

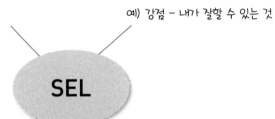

예) 강점 – 내가 잘할 수 있는 것

SEL

🔔 SEL 노래를 만들어 봅시다.

노래 제목: (　　　　　　　　　　　) ➡ 우리 모둠이 만든 제목: (　　　　　　　　　　)

_____

_____

_____

_____

파트 **3** (5~6학년)

5~6학년 알아가기

1. 나, 너, 우리의 사회정서학습

🔽 학습목표

1. 사회정서학습의 목적과 다섯 가지 핵심 기술을 설명할 수 있다.
2. 사회정서학습의 다섯 가지 핵심 기술과 관련하여 배우고 싶은 것을 말할 수 있다.
3. 사회정서학습 수업활동 중 실천 규칙을 정한다.

🔽 활동개요

단계	활동	준비물
도입	• 사회정서학습 알아보기 • 공부할 문제 안내하기	〈교사〉 명상곡, PPT 고-1
전개	• 활동1: 사회정서학습 핵심 기술 알기 • 활동2: 내가 바라는 나 타임캡슐 만들기 • 활동3: 사회정서학습 규칙 정하기	〈교사〉 PPT 고-1 〈학생〉 학습지 1-1, 1-2, 1-3, 메모지, 필기구
정리	• 정리 및 나누기	

🔽 지도상 유의점

- 사회정서학습의 핵심 기술을 자신의 입장과 실생활 영역에서 생각해 볼 수 있는 기회를 제공한다.
- 학생들의 의견이 반영된 규칙을 설정하고 교실 안에 게시하여, 이후 사회정서학습 수업활동에서 학생들의 규칙 준수를 독려한다.

🔽 학부모 알림장

다음 내용을 학급 홈페이지 알림장에 올려, 오늘 배운 내용을 가정에서도 연습할 수 있도록 합니다.

- 오늘부터 자신을 잘 이해하고 조절하며 원만한 또래관계를 이루어 책임 있는 학생이 되기 위한 활동을 할 계획입니다. 오늘은 사회정서학습을 통해 길러지게 될 핵심 기술 다섯 가지(자기인식, 자기관리, 사회적 인식, 관계기술, 책임 있는 의사결정)를 배웠습니다. 자녀가 어떤 영역에 관심이 더 많은지 자녀의 이야기를 들어 주세요.

단계	학습 과정
도입 (5′)	● 사회정서학습 알아보기 ◆ 다섯 가지 문제를 듣고, 그것을 할 수 있으면 ○, 아니면 ×를 머리 위에서 팔이나 손으로 표현하기 ◆ 문제마다 ○를 표시한 학생에게 문제에 답하도록 하기 • 나는 1분 안에 내 장점 다섯 가지를 말할 수 있다. (자기인식) • 나는 오늘 아침 우리 가족의 정서(감정)를 말할 수 있다. (사회적 인식) • 나는 나만의 스트레스 해소법을 가지고 있다. (자기관리) • 나는 최근 일주일 동안 친구나 부모님에게 도움을 요청하거나 도움을 준 적이 있다. (관계기술) • 공부나 운동을 잘하기 위해 목표를 세운 적이 있다. (책임 있는 의사결정) – 우리가 배울 사회정서학습은 다섯 가지 기술을 키우는 활동으로서 마음이 건강하고 지혜로운 어린이가 되도록 도와줍니다. **유의점:** 다섯 가지 물음에 대한 학생의 피드백을 받은 후, 칠판에 괄호 안의 문구를 판서한다. SEL을 통해 판서한 다섯 가지의 기술을 키워 갈 수 있음을 안내한다. ● 공부할 문제 안내하기 사회정서학습에 대하여 알아봅시다.
전개 (31′)	● 학습순서 안내하기(1분) 활동1. 사회정서학습 핵심 기술 알기 활동2. 내가 바라는 나 타임캡슐 만들기 활동3. 사회정서학습 규칙 정하기 ● 활동1. 사회정서학습 핵심 기술 알기(15분) ◆ 사회정서학습 목표 확인하기 – 여러분들이 영어나 수학 공부를 열심히 하는 것처럼 마음이 건강하고 지혜로운 사람이 되기 위해서도 공부가 필요합니다. 우리는 앞으로 사회정서학습이라는 공부를 할 것입니다. 이 공부는 나에 대해서 잘 알고 나를 관리하며, 타인을 이해하고 좋은 관계를 맺으며 현명한 의사결정을 할 수 있는 능력을 키워 줄 것입니다. ◆ 사회정서학습 핵심 기술 확인하기 – 사회정서학습 공부를 통해 키울 수 있는 다섯 가지 핵심 기술은 자기인식, 사회적 인식, 자기관리, 관계기술, 책임 있는 의사결정입니다. 각 기술을 살펴봅시다. **유의점:** 교사는 PPT를 제시하며 핵심 기술을 설명한다. ◆ 핵심 기술 다섯 가지를 알고 더 배우고 싶은 것 생각하기 `학습지 1-1` 〈활동 순서〉 1. 다섯 가지 핵심 기술 영역별로 특히 더 배우고 싶은 것에 체크하기 2. 다섯 가지 핵심 기술 중 더 관심이 가는 기술별로 모둠을 구성하기

3. 모둠별로 그 기술에 적절한 이름을 붙여 주기

4. 모둠별로 이 기술을 통해 더 알고 싶은 것을 토의하여 발표하기

⏻ 활동2. 내가 바라는 나 타임캡슐 만들기(8분) 학습지 1-2

〈활동 순서〉

1. 사회정서학습 공부를 통해 해결하고 싶은 것을 적기

2. 학급 타임캡슐 상자에 보관하기

– 여러분이 타임캡슐에 보관한 바람은 사회정서학습 활동의 마지막 시간에 다시 확인해 보려고 합니다. 그때 여러분의 바람이 모두 이루어져 있기를 기대합니다.

⏻ 활동3. 사회정서학습 규칙 세우기(7분) 학습지 1-3

〈활동 순서〉

1. 규칙 1과 2를 학급 전체와 함께 확인하고, 빈칸에 알맞은 낱말 맞추기

2. 규칙 3~5를 모둠원과 토의하여 정하기

3. 토의한 결과를 발표하고 이를 정리하여 규칙 정하기

4. 규칙을 다 함께 읽고, 서명하기

유의점: 학생들의 의견을 긍정적으로 수용하며 교사가 규칙을 정리한다. 정해진 규칙은 학급 게시판에 게시하고 사회정서학습 시간마다 칠판에 옮겨 부착한다.

정리 (4′)	⏻ 정리하기 – 사회정서학습을 통해 기를 수 있는 기술을 알아보았습니다. 사회정서학습을 통해 지혜로운 마음과 건강한 생각이 더 크게 자라날 것을 믿습니다. ⏻ 나누기 – 사회정서학습을 통해 더 배우고 싶은 것을 친구, 가족과 이야기해 봅시다.

학급 게시물

🔔 아래 게시물을 학급에 게시해 주세요.

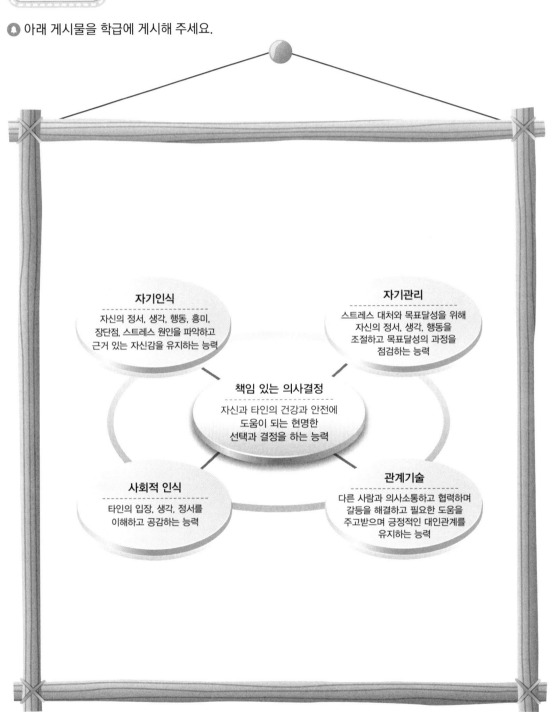

자기인식
자신의 정서, 생각, 행동, 흥미,
장단점, 스트레스 원인을 파악하고
근거 있는 자신감을 유지하는 능력

자기관리
스트레스 대처와 목표달성을 위해
자신의 정서, 생각, 행동을
조절하고 목표달성의 과정을
점검하는 능력

책임 있는 의사결정
자신과 타인의 건강과 안전에
도움이 되는 현명한
선택과 결정을 하는 능력

사회적 인식
타인의 입장, 생각, 정서를
이해하고 공감하는 능력

관계기술
다른 사람과 의사소통하고 협력하며
갈등을 해결하고 필요한 도움을
주고받으며 긍정적인 대인관계를
유지하는 능력

사회정서학습의 핵심 기술 다섯 가지

학년   반   이름

● 다섯 가지 핵심 기술 중에서 관심 있거나 더 알고 싶은 능력이 있다면 무엇인가요? 해당 내용에 ○를 해 보세요.

자기인식	① 나의 정서(감정)상태 및 원인 파악 ② 나의 가치 파악 ③ 장단점 파악 ④ 스트레스 원인 파악 ⑤ 근거 있는 자신감 유지 방법
자기관리	① 목표달성을 위한 정서 통제 능력 ② 충동 행동 통제 능력 ③ 스트레스 대처 능력 ④ 분노조절 능력 ⑤ 목표달성 과정을 점검하는 능력
사회적 인식	① 타인의 입장 이해 능력 ② 타인의 생각 이해 능력 ③ 타인의 정서 이해 능력 ④ 타인의 입장 공감 능력
관계기술	① 긍정적인 대인관계 유지 능력 ② 타인과 만족스럽게 의사소통하는 능력 ③ 타인과 협력하는 능력 ④ 관계 갈등 해결 능력
책임 있는 의사결정	① 목표설정 ② 시간관리 ③ 자신의 발전에 도움이 되는 현명한 선택을 하는 능력 ④ 공동체 발전에 도움이 되는 선택을 하는 능력

● 관심 있거나 더 알고 싶은 기술이 같은 친구들끼리 모둠을 만들고, 해당 기술을 잘 표현하는 이름을 지어 봅시다. 그리고 이 기술로 해결하고 싶은 것을 실생활에서 찾아 제시해 봅시다.

관심 있는 기술	모둠이 정한 기술 이름	실생활에서 이 기술로 해결하고 싶은 것
예) 자기인식	예) 거울	예) 나의 장점을 파악해서 내 진로에 대한 고민을 덜고 싶다.
예) 관계기술	예) 해결사	예) 엄마의 화를 풀어 주는 법을 알고 싶다.

타임캡슐 – '내가 바라는 나'

학년   반   이름

⊙ 사회정서학습의 다섯 가지 기술을 공부하여 미래에 해결하고 싶은 것을 적어 봅시다.

자기인식	
자기관리	
사회적 인식	
관계기술	
책임 있는 의사결정	

20___년 ___월 ___일의 내가 미래의 나에게

사회정서학습 규칙

학년   반   이름

사회정서학습 시간에 친구들이 나눈 이야기는 듯-!

☐ 로 합니다.

'나의 마음에 집중하기' 활동에서는 눈을 감고, 숨을 깊게 쉬며 마음을 차분하게 합니다.

선생님이 말씀하시거나 친구가 발표할 때는 _____

나의 의견을 말할 때는 _____

선생님께서 ⏰ 활동 끝! 하시면 _____

저 ( )은(는) 위 규칙을 잘 지킬 것을 약속합니다.

20   년   월   일   서명

5~6학년
감정

2. 사춘기의 감정

🔽 학습목표

1. 사춘기 뇌의 변화에 대해 말할 수 있다.
2. 사춘기 감정의 변화에 대해 이해한다.
3. 나의 감정이 나만 느끼는 것이 아님을 알 수 있다.

🔽 활동개요

단계	활동	준비물
도입	• 나의 마음에 집중하기 • 전시학습 상기 및 동기 유발하기 • 공부할 문제 안내하기	〈교사〉 명상곡, PPT 고-2
전개	• 활동1: 사춘기의 감정 변화 • 활동2: 나만의 특별한 감정? [공간 배치]	〈교사〉 PPT 고-2, 감정단어판 　　　(전지나 A4), 교사자료 2-1 〈학생〉 학습지 2-1, 포스트잇(1인당 10장)
정리	• 정리 및 나누기	

🔽 지도상 유의점

● [공간 배치] 활동2에서는 책상을 교실 벽 쪽으로 밀고, 교실 가운데에 넓은 공간을 준비한다.
● 사춘기의 혼란스러운 감정을 자연스럽게 받아들이고 평화롭게 극복하는 데 주안점을 두어 지도한다.

🔽 학부모 알림장

다음 내용을 학급 홈페이지 알림장에 올려, 오늘 배운 내용을 가정에서도 연습할 수 있도록 합니다.

● 오늘 사춘기의 감정에 대해 배웠습니다. 사춘기는 신체 및 감정 측면에서 다양한 변화를 경험하는 시기입니다. 자녀가 자신의 감정을 강하게 표현할 때는 부모님의 따뜻한 대화가 필요하다는 신호일 수 있습니다. 인내심을 가지고 자녀의 이야기를 들어 주시고, 건강하게 사춘기를 보낼 수 있도록 도와주세요.
예) 준영이가 매우 힘들구나. 네가 짜증만 내고 이유를 말하지 않으면 아빠와 엄마는 어떻게 해야 할지 아주 당황스럽단다. 짜증이 나는 이유를 말해 주겠니?

단계	학습 과정

도입
(5′)
	⏻ 나의 마음에 집중하기 `명상곡`
	
	⏻ 전시학습 상기하기: 공부한 내용 및 과제 확인하기
	
	⏻ 동기 유발하기
	  – 사춘기에 일어나는 신체적 변화는 여러분에게 많은 영향을 미칩니다.
	  ◆ 동영상 감상하기: EBS 다큐프라임 10대 성장보고서 2부 〈이상한 봄 사춘기〉 (3분 2초)
	
	⏻ 공부할 문제 안내하기
	
	  사춘기의 감정이 무엇인지 알아봅시다.

전개
(30′)
	⏻ 학습순서 안내하기(1분)
	  활동1. 사춘기의 감정 변화
	  활동2. 나만의 특별한 감정?
	
	⏻ 활동1. 사춘기의 감정 변화(9분) `학습지 2-1`
	  – '굴러 가는 나뭇잎만 봐도 웃는다'는 사춘기를 보내는 학생들을 보면서 어른들이 하셨던 말씀
	  입니다. 그만큼 사춘기는 감정이 민감하게 반응하는 시기이기도 합니다.
	  ◆ 하루 동안 나의 감정 변화를 그래프로 표현하기
	  ◆ 하루 동안 내가 느끼는 감정을 뇌 그림으로 표현하기
	  ◆ 저학년 때와 현재 사용하는 감정단어 비교하기
	    – 하루 동안 여러분이 느끼는 감정은 저학년 때와 비교해서 더 다양해지고 풍부해졌어요. 그
	    런데 한편으로는 사춘기에 많은 것들이 급격히 변해서 정서적으로 불안하고 내적 갈등을 많
	    이 겪기도 해요.
	    영화 〈인사이드 아웃〉을 본 친구들 있나요? 영화 주인공 라일리는 어렸을 적에 기쁘다, 슬
	    프다 같이 한두 가지 색깔의 단순한 감정을 느끼다가 점점 더 다양한 색깔을 가진 복합감정
	    을 느끼게 돼요. 영화 후반부에 라일리는 부모님을 향한 미안하고 슬픈 마음과 함께 부모님
	    의 사랑을 느끼며 행복하고 기쁜 감정도 느껴요.
	  유의점: 영화 〈인사이드 아웃〉(슬프면서 행복한 감정)을 보지 못한 학생들이 있다면, 영화 DVD를 안내한다.
	
	⏻ 활동2. 나만의 특별한 감정?(20분) `교사자료 2-1` `포스트잇`
	  – 여러분은 이제 자신의 감정세포가 될 것입니다. 선생님이 읽어 주는 내용을 듣고, 감정단어판
	  에 적힌 감정단어들 중에서 자신이 느끼는 감정단어에 자신의 이름이 적힌 메모지를 붙이면
	  됩니다.
	  ◆ 교사는 교실 앞쪽에 감정단어판을 놓고 메모지 주기
	  ◆ 학생은 메모지에 자신의 이름을 적기

	◆학생은 교사가 읽어 주는 상황을 듣고, 감정단어판에 붙이기
	◆각 상황마다 감정단어판을 보고, 느낀 점 나누기
	–여러분은 상황을 듣고 자신이 느끼는 감정에 메모지를 붙이면서, 이 감정이 나만 느끼는 감정이 아니라는 것을 배웠어요. 사춘기가 되면 자신을 중심으로 세상을 이해하려고 하기 때문에 자신이 느끼는 감정이나 고민들을 다른 사람들은 이해하지 못할 것이라고 생각하거나 나만이 특별하게 경험한다고 생각하기도 해요. 내가 느끼는 감정과 고민들은 다른 사람들도 가지고 있으니까 힘든 감정과 고민은 도움을 줄 수 있는 어른이나 친구들과 함께 나누어 보면 좋겠어요.
	유의점: 독특한 단어에 메모지를 붙인 학생에게는 어떻게 해서 그러한 감정이 들었는지 묻고 학생의 이야기를 들어준다. 학생이 말한 이유에 공감하는 친구를 찾거나 없으면 교사가 공감해 준다.
정리 (5′)	⏻ **정리하기**
	–우리는 사춘기에 찾아온 다양한 감정의 변화에 관해 공부했어요. 이러한 감정은 친구들도 함께 느끼고 있고 자연스러운 현상이니 혼란스러워하거나 자책하지 않아도 됩니다. 그러나 자신이 그러한 변화를 겪고 있다는 것을 스스로 받아들이되, 지나치게 강렬하거나 과격한 감정표현은 잘 다스릴 줄 알아야 합니다.
	⏻ **나누기**
	–오늘 하루 자신의 감정 변화에 대해 말해 보세요. 가족들(예: 엄마, 아빠)은 사춘기에 어떠한 감정들을 느꼈는지 이야기 나눠 보세요.

사춘기의 감정 변화

학년   반   이름

🔔 아래 박스에 나타난 것처럼, 오늘 하루 나의 감정 변화를 작성하고 감정단어로 표현해 봅시다.

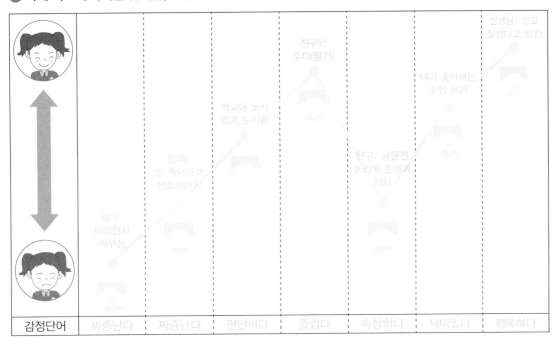

감정단어	짜증난다	짜증난다	편안하다	즐겁다	속상하다	재미있다	행복하다

🔔 오른쪽 뇌 그림에 최근 내가 느낀 감정들을 모두 적어 봅시다. 그리고 초등학교 저학년이 많이 사용하는 감정단어와 현재의 감정단어가 어떻게 다른지 비교하면서 모둠원과 이야기해 봅시다.

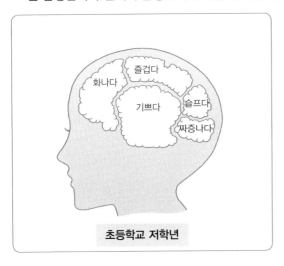

초등학교 저학년

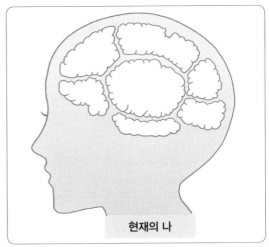

현재의 나

나만의 특별한 감정?

🔔 감정단어판

화난다	즐겁다	놀라다
짜증난다	기쁘다	미안하다
걱정되다	신나다	슬프다

※ 위 단어를 전지에 적거나 종이(A4)에 한 단어씩 적어 칠판에 게시합니다.

🔔 선생님은 다음의 상황을 학생들에게 읽어 줍니다.

1. 시험에서 두 문제를 찍었는데 다 맞았다.

2. 다른 반 친구가 어깨를 툭 치고 지나갔다.

3. 도서관에서 친구가 쳐다본다.

4. 아침에 눈을 떴다.

5. 가족이나 친한 친구가 아프다.

6. 실수로 중요한 물건을 부숴 버렸다.

7. 연필이 바닥에 떨어졌다.

8. 내가 키우는 애완동물을 쓰다듬어도 아무런 반응이 없다.

9. 여행을 가야 해서 친구 모임에 못 온다던 친구를 PC방에서 봤다.

10. 부모님이 학교에 오셨다.

5~6학년 사고	**3. 생각이 감정을 바꿀 수 있어요**

🔽 학습목표

1. 생각과 감정의 관계를 알 수 있다.
2. 다양한 생각과 감정을 찾을 수 있다.
3. 생각에 따라 감정이 변화됨을 알 수 있다.

🔽 활동개요

단계	활동	준비물
도입	• 나의 마음에 집중하기 • 전시학습 상기 및 동기 유발하기 • 공부할 문제 안내하기	〈교사〉 명상곡, PPT 고-3
전개	• 활동1: 생각과 감정의 관계 알기 • 활동2: 다양한 생각과 감정 찾기 • 활동3: 생각에 따라 변하는 감정 알기	〈교사〉 PPT 고-3 〈학생〉 학습지 3-1, 3-2
정리	• 정리 및 나누기	• 게시판 활용

🔽 지도상 유의점

- 생각과 감정이 서로 연결되어 있음을 강조하여 설명하도록 한다.
- 생각에 따라 감정이 변할 수 있으므로 긍정적으로 생각하는 것이 중요함을 강조한다.

🔽 학부모 알림장

다음 내용을 학급 홈페이지 알림장에 올려, 오늘 배운 내용을 가정에서도 연습할 수 있도록 합니다.

- 오늘 우리는 생각에 따라 감정이 변할 수 있다는 것을 배웠습니다. 긍정적인 생각을 하면 긍정적 감정을 갖게 되고, 부정적인 생각을 하면 부정적 감정을 갖게 됩니다. 긍정적으로 생각하는 것이 중요하다는 것에 관해 가정에서 자녀와 함께 이야기 나눠 주세요.
  예) ○○야, 내일 시험인데 공부를 아직 덜 했지? 공부를 덜 해서 시험을 망칠 것이라고만 생각하지 말고, 어떻게 생각하는 게 더 좋을까?

단계	학습 과정

도입
(5′)
	⏻ 나의 마음에 집중하기 명상곡
	
	⏻ 전시학습 상기하기: 공부한 내용 및 과제 확인하기
	
	⏻ 동기 유발하기
	◆ 지금 현재 자신의 기분 발표하기
	  – 지금 바로 드는 생각을 말해 볼까요? 그때의 감정은 어떤가요? 이제 조금 전 생각을 다르게
	    한다면 그때의 감정은 어떨까요? 두 가지로 생각했을 때 느끼는 감정이 다르네요.
	  유의점: 학생들이 두 번째로 말한 생각이 첫 번째 생각과 비슷한 정서를 유발하는 생각이라면, 교사가 상반된
	  정서를 유발하는 생각을 제시하여 질문한다.
	
	⏻ 공부할 문제 안내하기
	
	  다른 생각에 따른 감정의 변화를 알아봅시다.

전개
(30′)
	⏻ 학습순서 안내하기(1분)
	활동1. 생각과 감정의 관계 알기
	활동2. 다양한 생각과 감정 찾기
	활동3. 생각에 따라 변하는 감정 알기
	
	⏻ 활동1. 생각과 감정의 관계 알기(6분) 동영상
	  – 동영상을 시청하고 생각과 감정이 어떤 관계가 있는지 알아봅시다.
	◆ 동영상 시청하기: 유튜브 〈참 좋은 이야기 #16_인디언 추장의 지혜〉(2분)
	  출처: https://www.youtube.com/watch?v=pG2Tnf2eeHA&t
	  유의점: 동영상 시청 대신 생각이 바뀌고 감정이 바뀐 경험을 학생들과 이야기 나눌 수 있다.
	  예) 비오는 날은 돌아다니기 힘들다고 생각하니 우울했는데, 비가 공기를 맑게 해 준다고 생각하니 상쾌하고 기
	  분이 좋아졌어요.
	◆ 동영상에 대한 이야기 나누기
	  – 이처럼 생각과 감정은 서로 떨어져 있는 것이 아니라 함께 연결되어 있어요.
	
	⏻ 활동2. 다양한 생각과 감정 찾기(8분) 학습지 3-1
	  – 주어진 상황에 나타난 생각과 감정을 모두 찾아 적어 봅시다.
	◆ 주어진 상황에서 드는 생각을 모두 찾아보기
	◆ 여러 가지 생각들에 따른 감정을 감정단어로 적기
	◆ 짝과 의견 나누기
	
	⏻ 활동3. 생각에 따라 변하는 감정 알기(15분) 학습지 3-2
	  – 최근 자신에게 있었던 일들을 떠올리고, 그때 들었던 긍정적 생각이나 부정적 생각을 적은 후
	    그런 상황에서 느껴지는 감정을 감정단어로 써 봅시다.
	  상황 예) 친구랑 말다툼했을 때, 선생님께 꾸중 들었을 때, 엄마가 공부하라고 잔소리할 때, 부모님이 게임을 못
	  하게 할 때

	◆[짝] 자신에게 있었던 일 두 가지 적기
	◆[짝] 그때의 생각을 부정적 생각과 긍정적 생각으로 나누어 적기
	◆[짝] 생각에 따른 감정을 표정과 감정단어로 나타내기
	◆[모둠] 모둠원과 의견 나누기

정리
(5′)
	⏻ 정리하기
	
	◆이 시간을 통해 알게 된 점, 느낀 점 발표하기
	
	   –우리는 똑같은 상황에서도 다르게 생각할 수 있습니다. 다르게 생각하면 다른 감정을 느끼게 되지요. 그래서 우리는 같은 상황에서도 다른 생각과 감정을 느낄 수 있어요. 어떤 일에 대해 부정적으로 생각하면 부정적인 감정을 느끼지만 똑같은 상황에서 우리가 긍정적으로 생각하면 긍정적인 감정을 느낄 수 있게 됩니다. 여러분은 어떤 생각과 감정을 선택하시겠습니까?
	
	⏻ 나누기
	
	   –같은 상황에서 다른 생각과 감정을 느낀 적은 없는지 주변 사람(친구, 부모, 형제 등)과 이야기해 보세요. 나눈 이야기 속에서 나타난 생각과 감정을 게시판에 적어 보세요.
	
	유의점: 학급 게시판에 내용을 붙일 공간을 마련하여 학생들에게 알려 준다.

생각과 감정은 여러 가지예요

학년   반   이름

🔔 각 상황을 읽고 떠오른 생각과 감정을 모두 적어 봅시다. 각 생각에 대한 감정은 감정단어로 적어 봅시다.

─────〈상황 1〉─────

준영이는 우리 반에서 나와 제일 친한 친구이다. 어제 준영이가 학교 끝나고 동네 도서관에 같이 가자고 했다. 그런데 오늘 마지막 쉬는 시간에 준영이가 새로 전학 온 가람이와 도서관에 같이 가자고 한다.

생각 1	준영이는 나랑 제일 친하면서 어째서 갑자기 가람이도 같이 가자고 하는지 모르겠다.	▶▶▶▶	감정 1	서운하다.
생각 2	새로 전학 온 가람이랑 함께 도서관에 가면 가람이랑도 친해질 수 있겠다.	▶▶▶▶	감정 2	즐겁다.
생각 3		▶▶▶▶	감정 3	
생각 4		▶▶▶▶	감정 4	

─────〈상황 2〉─────

주말이다. 방에서 컴퓨터로 한참 동안 게임을 하고 있는데, 엄마가 밥 차렸다고 빨리 먹으라고 재촉하시며 계속 나를 부르신다.

생각 1		▶▶▶▶	감정 1	
생각 2		▶▶▶▶	감정 2	
생각 3		▶▶▶▶	감정 3	
생각 4		▶▶▶▶	감정 4	

🔔 위 내용을 짝과 이야기하고, 느낀 점을 이야기해 봅시다.

생각이 감정을 바꿀 수 있어요!

학년   반   이름

🔔 최근 있었던 일(상황) 두 가지를 적어 봅시다. 그다음 각각의 상황에서 떠오르는 '부정적 생각'과 '긍정적 생각'을 적고, 둘 중에서 내 생각과 좀 더 비슷한 생각 하나를 선택합니다. 그리고 그 생각을 하면 느끼게 되는 감정을 얼굴 표정으로 그려 보고, 말풍선에는 감정단어를 써 봅시다.

──── 〈상황 1〉 ────

부정적 생각   표정과 감정단어 적기   긍정적 생각

생각이 감정을 바꿀 수 있어요!

학년   반   이름

〈상황 2〉

| 부정적 생각 | 표정과 감정단어 적기 | 긍정적 생각 |

🔔 위 내용을 모둠원과 이야기하고, 느낀 점을 적어 봅시다.

5~6학년
자기이해

4. 강점 명함

🔽 학습목표

1. 강점이 무엇인지 알 수 있다.
2. 나의 강점을 찾을 수 있다.
3. 나의 강점을 다른 사람에게 설명할 수 있다.

🔽 활동개요

단계	활동	준비물
도입	• 나의 마음에 집중하기 • 전시학습 상기 및 동기 유발하기 • 공부할 문제 안내하기	〈교사〉명상곡, PPT 고−4
전개	• 활동1: 강점의 개념 알기 • 활동2: 자신의 강점 찾기 • 활동3: 강점 명함 만들기	〈교사〉PPT 고−4 〈학생〉학습지 4−1, 4−2, 색연필, 　　　사인펜, 네임펜, 유성매직 등
정리	• 정리 및 나누기	• 게시판 활용

🔽 지도상 유의점

● 자신을 나타내는 명함을 만드는 활동이므로 학생들의 표현 자유를 최대한 존중한다.
● 장난스럽게 강점을 찾지 않도록 지도하여(예: 욕을 잘해요 등) 긍정적인 면의 강점을 찾도록 한다.

🔽 학부모 알림장

다음 내용을 학급 홈페이지 알림장에 올려, 오늘 배운 내용을 가정에서도 연습할 수 있도록 합니다.

● 오늘 강점에 대해 배웠습니다. 자녀가 잘할 수 있다고 믿고 노력하면 자신의 강점이 될 수 있습니다. 자녀가 잘할 수 있는 것을 함께 찾아 주세요.

단계	학습 과정

도입
(7′)
	⏻ 나의 마음에 집중하기 `명상곡`
	
	⏻ 전시학습 상기하기: 공부한 내용 및 과제 확인하기
	
	⏻ 동기 유발하기
	◆ 어려움을 이겨 낸 사람들의 사례를 찾아 발표하기
	
	  • 어려움을 이겨 낸 사람들에 관한 사례를 학생들이 자유롭게 발표할 수 있게 하고 학생들이 찾기 어려울 경우 교사가 제시한다.
	  • 어려움을 이겨 낸 사람들에 관한 책, 자료를 준비하여 제시하면 좋다.
	    예) 세종대왕(시각장애), 베토벤(청각장애), 스티븐 호킹(루게릭병), 처칠(언어장애), 에디슨(청각장애), 헬렌 켈러(시각 · 청각 · 언어장애), 오체불만족 오토다케 히로타다(선천성 사지 절단장애), 한국인 최초 박사 강영우(시각장애), 피아니스트 이희아(선천성 사지장애) 등
	
	⏻ 공부할 문제 안내하기
	
	  강점 명함을 만들어 봅시다.

전개
(31′)
	⏻ 학습순서 알기(1분)
	활동1. 강점의 개념 알기
	활동2. 자신의 강점 찾기
	활동3. 강점 명함 만들기
	
	⏻ 활동1. 강점의 개념 알기(3분)
	  – 어려움을 이겨 낸 사람들은 자신이 가지고 있는 큰 어려움 앞에서도 포기하지 않고 자신이 할 수 있는 것을 찾아서 시작하였습니다. 이렇듯이 강점이란 다른 사람과 나를 비교하는 것이 아니라 내가 잘할 수 있다고 생각하는 것입니다. 그래서 어떤 것이든지 나의 강점이 될 수 있습니다.
	
	  강점: 내가 잘할 수 있다고 생각하고 행동하는 것
	
	⏻ 활동2. 자신의 강점 찾기(12분) `학습지 4-1`
	
	  〈활동 순서〉
	  1. 자신의 강점이 무엇인지 생각하기
	  2. 주위 사람들에게 잘한다고 칭찬 들었던 상황 생각하기
	  3. 나의 환경(가정, 학교, 학원, 지역사회 등)을 고려하여 나의 강점 생각하기
	  4. 생각해 본 나의 강점을 원에 써 넣기
	    [심화] 잘하는 정도를 생각해 보고, 잘한다고 생각할수록 커다란 원에 강점 써 넣기
	  5. 자신의 강점을 소개하고, 명함에 넣을 강점에 대해 이야기 나누기
	  6. 자신의 강점에 대해 생각을 정리할 수 있는 기회 제공하기
	
	  유의점: 초등학교 고학년의 경우 주위 친구들의 평가에 관심이 많다. 그러나 자신의 강점은 친구들이 평가해 주는 것이 아니라 자신이 잘한다고 생각하는 것이라는 것을 주지시킨다.

⊙ 활동3. 강점 명함 만들기(15분) 학습지 4-2

〈활동 순서〉

1. 명함에 넣을 내용 찾기

　　예) 이름, 전화번호, 주소, 생일, 이메일 주소, 학교, 학년·반, 사진, 그림 등

2. 내 명함을 볼 대상을 고려하여 필요한 정보 고르기

　　예) 전화번호, 이메일 주소, 도움 요청 방법 등

3. 나의 강점이 부각될 수 있게 정보를 배치하여 명함 만들기

4. 색연필, 사인펜, 네임펜, 유성매직 등을 사용하여 나의 강점과 어울리는 그림이나 무늬를 넣어 명함 꾸미기

5. 명함을 활용할 방법 찾기

6. 교실을 돌아다니며 만나는 친구에게 자신의 명함 소개하기

유의점: 1. 명함은 현재 자신을 나타내는 명함이지만 학생들의 경우에는 미래에 성취할 자신의 모습일 수도 있다. 따라서 현재 자신의 강점과 미래에 성취할 강점까지 허용하는 것도 좋다.

2. 학습지 4-2 의 명함 틀을 사용하지 않고 자유롭게 명함 틀을 만들어도 좋다.

3. 여러 개의 명함을 만들고 싶을 경우 시간을 고려하여 허락한다. 단, 시간이 부족한 경우 가정에서 만들어도 좋다.

정리 (2′)

⊙ 정리하기

– 오늘은 여러분이 가지고 있는 현재 자신의 강점을 찾아보고 강점 명함을 만들어 보았습니다. 강점은 다른 사람들이 평가하는 것이기보다는 자신이 잘한다고 생각하는 것입니다. 그렇기 때문에 자신이 잘할 수 있다고 생각하고 그것을 성취하기 위해서 꾸준히 노력하면 미래에는 자신의 강점으로 만들 수 있을 거예요.

⊙ 나누기

– 여러분이 만든 강점 명함을 가족들에게 소개해 주세요.

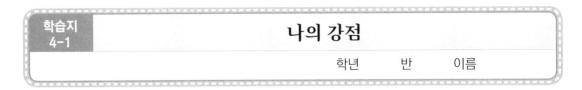

학습지 4-1	나의 강점
	학년　　　반　　　이름

🔔 자신의 강점을 찾아 원 안에 써 넣어 봅시다. 원의 크기가 클수록 자신이 '정말 잘한다고 생각하는 것' 입니다. 원을 더 그려 넣어도 됩니다.

예)
그림을
잘 그려요

강점 명함

학년   반   이름

🔔 자신의 강점 명함을 만들어 봅시다.

5~6학년 자기이해	5. 나 사용설명서

🔽 학습목표

1. 타인의 특징을 찾아 말할 수 있다.
2. 나의 특징을 찾아 말할 수 있다.
3. 타인이 바라보는 나의 모습을 알 수 있다.

🔽 활동개요

단계	활동	준비물
도입	• 나의 마음에 집중하기 • 전시학습 상기 및 동기 유발하기 • 공부할 문제 안내하기	〈교사〉 명상곡, PPT 고-5
전개	• 활동1: 선생님 사용설명서 만들기 • 활동2: '나 사용설명서' 만들기 • 활동3: '나 사용설명서'의 주인공 알아맞히기	〈교사〉 PPT 고-5, 상자 1개 〈학생〉 학습지 5-1, 5-2
정리	• 정리 및 나누기	

🔽 지도상 유의점

- 자신에 대해 깊게 생각하고, 외적인 측면보다 심리적인 측면에서 사용설명서를 작성할 수 있도록 독려한다.
- 제시한 질문들 이외에 다양한 질문들을 생각하여 빈칸을 채울 수 있도록 독려한다.
- 교재의 '나 사용설명서'를 오려서 절반으로 접어 상자에 넣게 하고, 활동이 끝난 후 학생들에게 다시 배부한다. '나 사용설명서'는 학급 게시판의 게시물로 활용 가능하다.

🔽 학부모 알림장

다음 내용을 학급 홈페이지 알림장에 올려, 오늘 배운 내용을 가정에서도 연습할 수 있도록 합니다.

- 오늘 자신을 더 자세히 살펴보는 활동으로 '나 사용설명서' 만들기 활동을 했습니다. 자녀들이 자신에 대해 좀 더 관심을 가지고 관찰할 수 있도록 질문해 주세요.
  예) 윤우는 엄마한테 어떤 말을 들을 때 기분이 제일 좋아?

단계	학습 과정

도입
(5′)
	⏻ **나의 마음에 집중하기** [명상곡]
	
	⏻ **전시학습 상기하기:** 공부한 내용 및 과제 확인하기
	
	⏻ **동기 유발하기**
	◆ 동화 읽기: 이토미쿠(2015). 『엄마 사용설명서』. 우리교육
	
	   엄마 사용설명서를 만드는 주인공은 먹고 싶은 것을 엄마가 요리해 주시게 하는 방법, 엄마가 "공부해, 공부해."라고 말하지 않게 하는 방법, 빨리 하라고 말하지 않게 하는 방법 등을 설명서에 적습니다.
	
	  – 동화의 주인공은 엄마 사용설명서를 만들었습니다. 물건을 사용할 때 사용설명서를 본 적이 있죠? 사용설명서는 그 물건에 대해 많은 것을 알려 줍니다. 우리도 나 자신을 누군가에게 잘 설명할 수 있을까요?
	
	⏻ **공부할 문제 안내하기**
	
	  나의 특징을 설명할 수 있다.

전개
(31′)
	⏻ **학습순서 안내하기**(1분)
	활동1. 선생님 사용설명서 만들기
	활동2. '나 사용설명서' 만들기
	활동3. '나 사용설명서'의 주인공 알아맞히기
	
	⏻ **활동1. 선생님 사용설명서 만들기**(10분) [학습지 5-1]
	  – 지각했을 때 혼나지 않는 방법, 선생님께 칭찬받는 방법, 선생님을 기쁘게 하는 방법을 중심으로 선생님 사용설명서를 만들어 봅시다. 다른 사람들이 사용설명서를 보고 우리 선생님을 알 수 있도록 설명해 주세요.
	  예) 우리 선생님은 제가 큰 소리로 대답할 때 좋아하십니다. 우리 선생님은 제가 친구를 도와주는 모습을 보고 칭찬해 주셨습니다.
	◆ 선생님 사용설명서를 만들고, 학생 4~5명이 발표하기
	
	⏻ **활동2. '나 사용설명서' 만들기**(10분) [학습지 5-2]
	  – 다른 사람들에게 나를 소개하는 사용설명서를 만들어 봅시다. 내가 기분이 안 좋을 때는 이렇게 해 주세요, 나를 웃게 하려면 이렇게 해 주세요, 내가 화나면 이렇게 해 주세요, 내가 좋아하는 음식, 내가 좋아하는 활동 등 다양한 내용을 적어 주세요.
	◆ '나 사용설명서'를 만들고, 작성한 내용을 교실 앞 상자에 넣기
	
	⏻ **활동3. '나 사용설명서'의 주인공 알아맞히기**(10분)
	◆ 교사는 상자 안에서 사용설명서를 한 장씩 뽑아 읽기
	◆ 학생들은 내용을 통해 누구의 사용설명서인지를 맞히기

	유의점: 교사는 활동지에 적힌 이름을 참조하여 학생들이 사용설명서가 누구인지 맞히기 쉬운 문장들을 주로 읽는다. 남자, 여자, 1분단 등 힌트를 주어 누구인지 더 잘 맞힐 수 있도록 돕는다.
정리 (4′)	⏻ 정리하기 – 내가 나에 대해서 잘 알고 있는 것 같지만 관심을 두지 않으면 잘 모르는 것이 많습니다. 내가 언제 행복하고, 언제 화가 나는지, 나는 뭘 좋아하는지 등 나에 대해 더 많은 관심을 가져 봅시다. 더불어 주변 친구들에게도 관심을 가지고 주변 친구들의 특징을 더 잘 알면 친구들과 더 사이좋게 지낼 수 있을 것입니다. ⏻ 나누기 – 가족들과 '나 사용설명서'에 관해 이야기해 봅시다. 그리고 더 적고 싶거나 바꾸고 싶은 내용이 있다면 고쳐 주세요.

선생님 사용설명서

학년　　　반　　　이름

○ 선생님 사용설명서를 만들어 봅시다.

선생님께 칭찬받는 방법	
선생님을 기쁘게 하는 방법	
지각했을 때 혼나지 않는 방법	

❶ 나 사용설명서를 만들어 봅시다.

내가 기분이 안 좋을 때는 이렇게 해 주세요.	
나를 웃게 하려면 이렇게 해 주세요.	
내가 화나면 이렇게 해 주세요.	
내가 좋아하는 음식	
내가 좋아하는 활동	

5~6학년 타인존중	6. 차별이 뭐예요

⬇ 학습목표

1. 차별의 의미를 알 수 있다.
2. 차별의 사례를 찾을 수 있다.
3. 차별하지 않으려는 태도를 갖는다.

⬇ 활동개요

단계	활동	준비물
도입	• 나의 마음에 집중하기 • 전시학습 상기 및 동기 유발하기 • 공부할 문제 안내하기	〈교사〉 명상곡, PPT 고−6
전개	• 활동1: 차별의 의미 알기(모둠) • 활동2: 차별의 사례 찾아보기(모둠) • 활동3: 차별 예방 슬로건 만들기(모둠)	〈교사〉 PPT 고−6 〈학생〉 학습지 6−1, 6−2, 8절지, 　　　　색연필
정리	• 정리 및 나누기	

⬇ 지도상 유의점

- 사람은 누구나 차이점이 있으므로 차별당할 수 있음을 강조한다.
- 베스트 슬로건을 뽑을 때 꾸미기보다 내용이 중요함을 강조하고 좋은 내용의 슬로건을 만든 학생을 선발하여 상품을 주거나 칭찬을 한다.

⬇ 학부모 알림장

다음 내용을 학급 홈페이지 알림장에 올려, 오늘 배운 내용을 가정에서도 연습할 수 있도록 합니다.

- 오늘 차별에 대해 배웠습니다. 가정에서 자녀가 차별받거나 차별한 경험이 있었는지 이야기 나눠 주세요. 또한 다르다는 이유로 차별하거나 차별 받아서는 안 된다는 점을 자녀와 함께 이야기 나눠 주세요.

  예) 윤우야, 엄마가 좋아하는 노래를 윤우가 좋아하지 않는다고 노래방에 동생만 데리고 가면 어떨까? 우리는 음악을 좋아할 수도, 좋아하지 않을 수도 있는데 다르다는 이유만으로 상대방에게 불이익을 주거나 나쁘게 대해서는 안 된단다.

단계	학습 과정
도입 (5′)	⏻ 나의 마음에 집중하기 [명상곡] ⏻ 전시학습 상기하기: 공부한 내용 및 과제 확인하기 ⏻ 동기 유발하기 　◆ 동영상 감상하기: 유니세프 비교실험 〈복장에 따른 차별 실태〉 (3분 6초) 　　- 동영상에 나온 내용에 대해 이야기해 봅시다. 복장이 좋을 때는 사람들이 걱정해 주고 친근 　　하게 대했고, 복장이 좋지 않을 때는 관심을 갖지 않거나 멀리 가도록 했습니다. 여자아이가 　　차별받고 있네요. 　　**유의점: 교사가 차별이라는 용어를 사용하여 학생들이 인식하도록 한다.** ⏻ 공부할 문제 안내하기 　차별에 대해 알아봅시다.
전개 (30′)	⏻ 학습순서 안내하기(1분) 　활동1. 차별의 의미 알기 　활동2. 차별의 사례 찾아보기 　활동3. 차별 예방 슬로건 만들기 ⏻ 활동1. 차별의 의미 알기(7분) [학습지 6-1] 　- '차별' 하면 생각나는 것들을 모두 적은 후 차별의 의미를 생각해 봅시다. 　◆ '차별' 하면 생각나는 단어를 모두 적기 　◆ [모둠] '차별'의 의미 작성하기 　◆ 전체 의견 나누기 　┌───┐ 　│ 차별: 서로 차이가 있다('다르다')는 이유로 어떤 사람이나 집단에게 불이익을 주는 것(나쁘게 대 │ 　│ 　　우하는 것) │ 　└───┘ 　　- 예를 들어, 성, 나이, 외모, 학력, 피부색, 장애, 지역, 인종, 종교, 사회적 신분에 차이가 있다 　　고 하여 차별이 발생하곤 합니다. 결국 차별받는 사람은 불평등한 대우를 받게 되어 여러 가 　　지 불이익을 당할 수 있습니다. ⏻ 활동2. 차별의 사례 찾아보기(7분) [학습지 6-2] 　◆ 차별 사례 이야기하기 　　- (동영상 상기하며) 여러분도 동영상의 여자아이처럼 차별받은 경험이 있나요? 자신뿐만 아 　　니라 친구, 가족, TV, 인터넷 등을 통해 알게 된 차별의 사례를 찾아봅시다. 　◆ [모둠] 차별의 사례 적어 보기 　　- 개인별로 학습지에 먼저 적고 모둠원과 함께 이야기 나눠 봅시다.

◆차별 사례를 나누고 느낀 점 이야기하기

　　－실제 주변에서 다른 사람을 차별하는 많은 행동들이 나타나곤 합니다. 따라서 차별이 발생하지 않도록 예방할 필요가 있습니다.

⏻ 활동3. 차별 예방 슬로건 만들기(15분) `8절지, 색연필`

　　－모둠원끼리 토의하여 슬로건 내용을 정한 후에 슬로건을 만들어 봅시다. 완성된 슬로건은 칠판에 게시해 주세요.

◆[모둠] 슬로건 만들기

◆[모둠] 슬로건 칠판에 게시하기

　　－슬로건들 중에서 가장 좋은 '베스트 슬로건'을 선정하겠습니다. 슬로건이 좋다고 생각하면 손을 들어 주세요.

◆베스트 슬로건 정하기

　　－'베스트 슬로건'을 모두 함께 외쳐 봅시다.

　　－여러분들이 만든 슬로건처럼 차별 없는 세상이 오기를 바랍니다.

정리 (5′)	⏻ 정리하기 　－사람마다 성별, 나이, 피부색, 얼굴 생김새, 종교, 생각, 능력 등 여러 가지가 다를 수 있어요. 다르다고 해서 차별을 한다면, 부당한 대우를 당하는 사람들이 힘들고 억울할 거예요. 우리 모두 차별하지 않고 서로 존중해 주어야겠죠? ◆이 시간을 통해 알게 된 점, 느낀 점 발표하기 　　－오늘 학습을 통해 알게 된 점과 느낀 점을 말해 볼까요? ⏻ 나누기 　－차별받거나 차별한 경험에 대해서 주변 사람들(예: 친구, 가족)과 이야기 나눠 보세요.

🔔 '차별' 하면 생각나는 것들을 모두 쓰세요(더 쓰고 싶으면 칸을 만들어서 써 보세요).

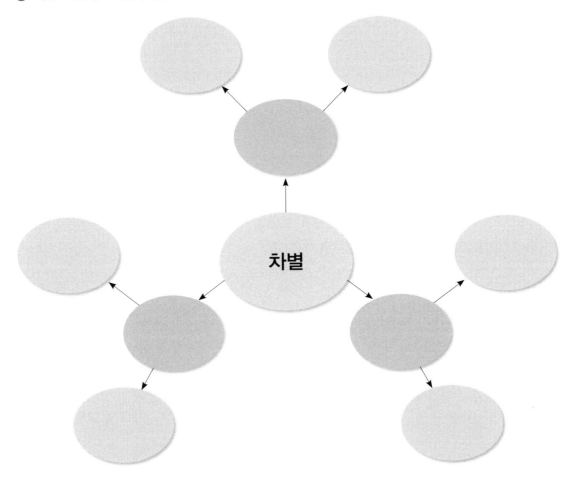

🔔 위에 적은 단어들을 보고, '차별'이 무엇인지 써 보세요.

차별은

차별 사례

학년   반   이름

🔔 차별은 주로 성, 나이, 외모, 학력, 피부색, 장애, 지역, 인종, 종교, 사회적 신분 등의 차이로 발생합니다.

● 주변(예: 나, 친구, 가족, TV, 인터넷)에서 차별받거나 차별한 사례에 대해 적어 봅시다.

● 모둠에서 차별 사례를 토의하여 정리해 봅시다.

● 위에서 차별 사례 찾기를 통해 느낀 점을 적어 봅시다.

5~6학년 공감	7. 상대방의 마음을 알아주는 대화

🔽 학습목표

1. 상대방의 마음을 알아주는 대화 방법을 알 수 있다.
2. 상대방의 마음을 알아주는 적절한 대화 방법을 활용할 수 있다.

🔽 활동개요

단계	활동	준비물
도입	• 나의 마음에 집중하기 • 전시학습 상기 및 동기 유발하기 • 공부할 문제 안내하기	〈교사〉 명상곡, PPT 고-7
전개	• 활동1: 마음을 알아주는 대화 방법 • 활동2: 마음을 알아주는 적절한 반응 찾기 • 활동3: 마음을 알아주는 대화 연습 [공간 배치]	〈교사〉 PPT 고-7, 교사자료 7-1 〈학생〉 학습지 7-1, 사탕 30개 이상
정리	• 정리 및 나누기	• 게시판 활용

🔽 지도상 유의점

- [공간 배치] 전체 활동을 위해 책상을 밀어 공간을 확보한다.
- 활동을 할 때 학생이 상황을 말하든 적절한 대답을 하든 항상 '마음을 알아주는 대화 방법'에 유의하며 듣고 말하도록 독려한다.
- 이 활동은 또래 상담자를 양성하는 데 유용한 활동이므로 상대방의 마음을 알아주는 방법을 충분히 연습할 수 있도록 한다.

🔽 학부모 알림장

다음 내용을 학급 홈페이지 알림장에 올려, 오늘 배운 내용을 가정에서도 연습할 수 있도록 합니다.

- 오늘은 마음을 알아주는 대화 방법을 연습하는 활동을 했습니다. 가정에서도 상대방의 말에 비난, 평가, 강요, 지시하지 않고, 상대방의 마음을 알아주고 공감해 주는 대화를 꾸준히 실천해 주세요.

단계	학습 과정
도입 (5′)	◉ 나의 마음에 집중하기 명상곡 ◉ 전시학습 상기하기: 공부한 내용 및 과제 확인하기 ◉ 동기 유발하기 ◆동영상 감상하기: 유튜브 흔한남매 〈너무 공감돼서 무서운 이야기〉 －코미디 영상에서 나오는 사람의 마음을 나도 느꼈거나 이해가 된다면 출연자들과 같은 표정 　과 행동을 해 봅시다. ◉ 공부할 문제 안내하기 친구의 마음을 알아주는 대화를 해 봅시다.
전개 (30′)	◉ 학습순서 알기(1분) 활동1. 마음을 알아주는 대화 방법 활동2. 마음을 알아주는 적절한 반응 찾기 활동3. 마음을 알아주는 대화 연습 ◉ 활동1. 마음을 알아주는 대화 방법(7분) －상대방의 마음을 알아주기 위해 대화를 할 때에는 어떻게 해야 할까요? 〈마음을 알아주는 대화 방법〉 1. 대화에 집중하기 2. 적극적 행동 반응 　예) 바라보기, 같은 표정 짓기, 고개 끄덕이기, 미소 짓기 등 3. 맞장구치기 　예) 응, 그래, 그랬구나, ~해서 ~그런 마음이 들었겠다 등 4. 예의 없는 행동 금지 　예) 끼어들기, 주제 바꾸기, 판단, 비난, 놀림, 충고 등 유의점: 맞장구치기에서는 장난이나 건성으로 대답하지 않고 진심을 담아서 말해야 함을 지도한다. 교사는 참 고자료의 〈상대의 마음을 여는 경청 대화법〉(13초~3분 23초)을 참고하여 지도한다. ◉ 활동2. 마음을 알아주는 적절한 반응 찾기(7분) －다음 영상에서 아이의 마음을 가장 잘 알아주는 어머니의 대답은 무엇일까요? ◆동영상 감상하기: 〈공감적 이해의 수준〉(처음~50초) 　출처: https://www.youtube.com/watch?v=BstV0vA4MfM 유의점: 영상에서 아이의 마음을 알아주는 어머니의 대답은 ʻ나, 라, 마ʼ이며 마 → 나 → 라의 순서로 아이의 마 음을 더 깊이 이해하고 공감해 주고 있다. ◆상대방의 마음을 알아주는 대화 찾기 학습지 7-1 ◆[짝] 학습지 7-1 의 역할을 나누어, 짝과 함께 대화 연습하기

※ 학습지 7-1 의 정답: 1-③, 2-②, 3-③, 4-①, 5-②, 6-③

유의점: 상대방의 입장에 서서, 상대방이 어떤 마음일지를 헤아리며 대답하는 것이 가장 높은 수준의 공감 대화임을 강조한다.

⏻ 활동3. 마음을 알아주는 대화 연습(15분) 교사자료 7-1 상자 사탕

– 상대방의 마음을 알아주는 대화 방법을 적용하여 친구들의 마음을 알아주는 대화를 해 봅시다.

〈활동 순서〉
1. 의자를 전체 학생 수에서 1개 부족하게 동그랗게 배치하기
2. 전체 학생들이 의자 앞에 동그랗게 서기
3. 학생들의 오늘 기분을 손들어 확인하기(㉠ 아주 좋음 ㉡ 좋음 ㉢ 보통 ㉣ 나쁨)
4. 자리에 모두 앉도록 했을 때 자리에 앉지 못한 1명이 최초의 술래가 됨
5. 술래가 상자에서 상황카드를 뽑아 친구들에게 자기 일처럼 읽어 주기
6. 나머지 사람들은 '마음을 알아주는 대화 방법'을 지키며 술래의 마음에 공감해 주는 말해 주기
7. 술래는 자신의 기분을 가장 나아지게 해 준 친구에게 "고마워. 너 덕분에 기분이 더 좋아졌어."라고 말하며 사탕 주기
8. 다음 술래 정하기 활동: 술래가 오늘 자신의 기분을 말하면(예: "저는 오늘 기분이 좋습니다.") 게임 시작 전에 같은 기분에 손을 들었던 사람들만 모두 일어나 다른 자리로 옮겨 앉고, 이때 술래도 빈 자리에 재빨리 앉기
9. 자리를 차지하지 못한 사람은 술래가 되며 5번부터 반복함

유의점: 상황카드는 수업 중 공개해도 되는 학생들의 다양한 감정이 나타나는 개인적인 상황들을 쪽지에 적게 하거나 미리 준비해서 교사가 적절한 내용을 골라서 사용해도 좋다. 또한 활동 순서 3번에서 그날의 기분은 ㉠~㉣의 네 가지 외에 다른 감정단어를 추가해도 좋다.

정리
(5′)

⏻ 정리하기

–우리는 누구나 다양한 상황을 겪고, 여러 가지 감정을 경험합니다. 기쁠 때는 주변 사람들과 기쁨을 함께 나누고 싶고, 슬프거나 괴로울 때는 주변 사람들이 자신의 마음을 알아주면 위로를 받게 되지요. 다른 사람의 감정에도 귀를 기울이고 서로 긍정적으로 잘 반응해 주면 좋은 관계를 유지하고 더욱 행복해질 수 있습니다.

⏻ 나누기

–일주일 동안 여러 대화 상황에서 판단, 비난, 놀림, 충고하지 않고, 상대방의 마음을 알아주는 공감 대화를 실천해 보세요.

상대방의 마음을 알아주는 대화

🔔 다음 상황에서 듣는 이의 기분을 가장 좋아지게 하는 대답을 ( ) 안에 쓰세요.

1. "나는 공부하는 것이 싫어. 재미도 없고 무슨 말인지 도대체 모르겠어." (   )

   ① 그래도 공부를 해야 성공할 수 있대.

   ② 나도 공부가 좋아서 하는 것은 아니야.

   ③ 이해가 안 되는 공부를 하려니 마음이 많이 힘들구나.

2. "나 이번 시험에서 성적이 많이 떨어졌어." (   )

   ① 그러게 평소에 공부 좀 하지 그랬어.

   ② 공부를 잘하고 싶은데 성적이 떨어져서 속상하겠다.

   ③ 신경 쓰지 마.

3. "주말에 부모님과 함께 제주도로 여행을 가기로 했어. 너무 신이 나고 기대돼." (   )

   ① 너 지금 자랑하는 거냐?

   ② 나도 가 봤는데 별로 재미없던데.

   ③ 부모님과 함께 여행을 가니 많이 신나는구나. 좋겠다.

4. "아빠는 항상 동생만 예뻐해. 동생이 해 달라는 것은 다 해 주시고 내가 해 달라는 것은 무시하셔." (   )

   ① 아빠가 동생만 예뻐하고 네 요구는 들어주지 않아서 많이 속상하겠다.

   ② 네가 뭔가 잘못하는 것이 많아서겠지.

   ③ 원래 부모님들은 동생을 더 예뻐하는 거야.

5. "나는 내 마음을 터놓을 친한 친구가 없어." (   )

   ① 네가 친구들에게 마음을 먼저 열어 봐.

   ② 마음을 터놓고 이야기할 친구가 없으니 정말 외롭겠다.

   ③ 네가 사회성이 없어서 그래.

6. "아까 재석이가 내 발을 밟고도 미안하다는 말도 안 하는 거야. 너무 화가 나." (   )

   ① 너도 밟지 그랬어.

   ② 선생님께 가서 일러.

   ③ 재석이가 네 발을 밟아서 많이 화가 났구나.

<table>
<tr><td>교사자료
7-1</td><td colspan="2">상대방의 마음을 알아주는 대화</td></tr>
</table>

🔔 마음을 알아주는 대화 〈상황카드〉

✂

나는 요즘 진영이랑 싸워서 마음이 아주 좋지 않아.	이번에 내가 성적이 많이 올라서 부모님께서 스마트폰을 사 주셨어.
오늘 벌칙으로 남아서 청소를 하게 되었어. 청소하기 싫은데 그냥 집에 가면 안 될까?	나는 그림을 잘 못 그리는데 오늘 모둠활동으로 그림을 그려야 해.
이번에 시험을 잘 보면 부모님이 선물 사 주시기로 했는데 안 사 주셔!	오늘 내 생일이라서 엄마가 파티를 해 주신다고 했어. 그래서 여러 친구를 초대할 거야.
은지랑 현정이가 친구들에게 내 험담을 하고 다닌대.	내가 말을 좀 더듬어. 그런데 내일 사람들 앞에서 발표를 해야 해.
아까 나는 잘못도 없는데 어떤 선배가 나한테 욕을 했어.	연지가 자꾸 나한테 자기 일을 해 달라고 해. 친한 친구라서 거절도 못 하고 어떻게 해야 할지 모르겠어.

엄마는 동생이 원하는 것은 당장 사 주시면서 내가 필요한 것은 신경도 안 쓰셔.

학원에서 시험을 봤는데 성적이 크게 떨어졌어.

시험이 다가오는데 공부를 못했어. 너무 떨려. 어떻게 하지?

철수랑 민철이가 친구들에게 나랑 놀면 가만두지 않겠다고 했대.

어제 내가 태권도 심사에서 검은 띠를 땄어.

수업시간에 뒤에 앉은 희철이가 나한테 자꾸 쪽지를 줘서 공부에 집중할 수가 없었어.

아까 민석이가 나를 놀리면서 시비를 걸었어.

이번에 수학여행을 가는데 나는 친한 친구가 없어서 나 혼자 외톨이로 다닐 것 같아.

친구들이 나를 메신저로 강제로 초대해서 내 험담을 해.

엄마가 많이 편찮으셔서 병원에 입원하셨어.

5~6학년 분노조절	8. 화를 진정시키는 방법

🔽 학습목표

1. 화를 바로 표현했을 때와 참았을 때의 결과를 말할 수 있다.
2. 화를 진정시킬 수 있는 나만의 묘책을 찾을 수 있다.
3. 화가 날 때 화를 진정시키는 방법을 활용할 수 있다.

🔽 활동개요

단계	활동	준비물
도입	• 나의 마음에 집중하기 • 전시학습 상기 및 동기 유발하기 • 공부할 문제 안내하기	〈교사〉 명상곡, PPT 고-8
전개	• 활동1: 화를 바로 표현했을 때와 참았을 때의 결과 생각해 보기 • 활동2: 화를 진정시키는 나만의 묘책 찾기	〈교사〉 PPT 고-8 〈학생〉 학습지 8-1
정리	• 정리 및 나누기	

🔽 지도상 유의점

● 화가 나는 것 자체가 나쁜 것이 아니라 화를 무조건 참거나 공격적으로 표현하는 것이 나쁨을 인식시킨다.
● 화 조절 기술을 다뤘던 3~4학년 8차시를 참고한다.
● 화를 진정시키는 나만의 묘책을 화날 때마다 떠올릴 수 있도록 학급지도 상황에서도 활용한다.

🔽 학부모 알림장

다음 내용을 학급 홈페이지 알림장에 올려, 오늘 배운 내용을 가정에서도 연습할 수 있도록 합니다.

● 오늘은 화를 진정시키는 나만의 묘책이라는 주제로 나를 진정시키는 물건, 장소, 활동, 사람을 알아보는 활동을 했습니다. 자녀가 어떤 내용을 적었는지 이야기 나누고 자녀가 화가 날 때 화를 무조건 참거나 과격한 행동으로 표현하기보다는 오늘 배운 '화를 진정시키는 나만의 묘책'을 쓰도록 독려해 주십시오.

단계	학습 과정
도입 (5′)	⏻ 나의 마음에 집중하기 [명상곡] ⏻ 전시학습 상기하기: 공부한 내용 및 과제 확인하기 ⏻ 동기 유발하기 ◆ 동화 읽기: 코넬리아 스펠만(2015).『화가 날 땐 어떡하지?』보물창고. ⏻ 공부할 문제 안내하기 화를 진정시키는 나만의 방법을 알아봅시다.

전개
(30′)
	⏻ 학습순서 안내하기(1분)
	활동1. 화를 바로 표현했을 때와 참았을 때의 결과 생각해 보기
	활동2. 화를 진정시키는 나만의 묘책 찾기
	
	⏻ 활동1. 화를 바로 표현했을 때와 참았을 때의 결과 생각해 보기(8분)
	◆ 최근 언제 화가 났는지, 그때 어떻게 했는지 말해 보기
	  – 화는 나쁜 감정이 아니에요. 하지만 화나는 감정을 우리가 어떻게 다루느냐에 따라 우리는
	    사나운 사자가 될 수도 있고, 보다 좋은 관계나 상황을 만들 수도 있어요.
	◆ 화를 바로 표현했을 때와 무조건 참기만 했을 때의 문제점 나누기
	예) 친구와 사이가 멀어진다, 친구에게 상처를 준다, 진심을 이야기할 수 없게 된다, 스트레스를 받는다, 내가 원하는 것을 얻을 수 없다 등
	
	⏻ 활동2. 화를 진정시키는 나만의 묘책 찾기(21분)
	  – 사람들이 화가 날 때 화를 가라앉히는 방법에는 20번 정도 깊게 숨쉬기, 화난 감정을 글이나
	    그림으로 표현해 보기, 빠른 속도로 달려 보기, 100까지 세어 보기, 문제에 대해 누군가에게
	    이야기하기, 밖에서 놀기, 음악 듣기가 있어요.
	◆ 화를 진정시키는 나만의 방법 찾기 [학습지 8-1]
	    내 마음을 편안하게 하는 물건, 마음이 편안해지는 장소, 화가 가라앉는 활동, 마음을 편
	    하게 해 주는 사람을 그림으로 표현하기
	예) 애착인형을 안고 있으면 마음이 편안해진다, 놀이터에 가면 마음이 편안해진다, 엄마와 이야기를 나누면 화가 풀린다 등
	◆ 모둠원들과 자신의 방법을 나누기
	◆ 모둠원들이 뽑은 방법을 학급 전체와 공유하기
	유의점: 좋은 아이디어를 공유하고 반 전체가 활용할 수 있는 방법을 칠판 구석이나 게시판에 적어 학생들이 자주 보고 실행할 수 있도록 독려한다.

정리 (5′)	⏻ **정리하기** − 각자 마음이 편안해지는 물건, 장소, 사람, 활동이 있네요. 화가 날 때 오늘 적었던 물건, 장소, 사람, 활동을 떠올리고 활용하도록 합시다. 화가 날 때 화를 진정시키는 여러분만의 비책이 될 거에요. ⏻ **나누기** − 앞으로 화가 날 때는 오늘 적은 나만의 방법을 떠올려 활용해 보세요. 그리고 가족들이나 다른 사람들의 방법을 알아보고, 좋은 방법은 자신에게 적용해 보세요.

화를 진정시키는 나만의 물건

학년   반   이름

🔵 내 마음을 편안하게 만드는 것에 대해 생각하고, 다음을 적어 보세요.

■ 나를 편안하게 하는 장소

■ 나를 편안하게 하는 사람

■ 나를 편안하게 하는 물건

■ 나를 편안하게 하는 활동

5~6학년
스트레스

9. 스트레스의 또 다른 의미

🔽 학습목표

1. 스트레스의 의미와 종류를 말할 수 있다.
2. 스트레스의 긍정적 의미를 말할 수 있다.
3. 나의 스트레스 상황이 주는 긍정적 의미를 찾을 수 있다.

🔽 활동개요

단계	활동	준비물
도입	• 나의 마음에 집중하기 • 전시학습 상기 및 동기 유발하기 • 공부할 문제 안내하기	〈교사〉 명상곡, PPT 고−9
전개	• 활동1: 스트레스의 의미와 종류 알아보기 • 활동2: 스트레스의 긍정적 의미 찾기(모둠)	〈교사〉 PPT 고−9 〈학생〉 학습지 9−1, 9−2, 9−3, 종이컵(1인당 2개), 테이프, 풀, 긴 고무줄(1인당 1개), 가위
정리	• 정리 및 나누기	• 게시판 활용

🔽 지도상 유의점

- [공간 배치] 활동2에서는 책상을 교실 벽 쪽으로 밀고, 교실 가운데에 넓은 공간을 준비한다.
- 학생들이 자신의 이야기를 표현하는 과정에서 스트레스를 풀어 낼 수 있도록 자유로운 분위기를 만든다.
- 스트레스의 긍정적인 측면에 초점을 두고 수업을 진행하도록 한다.

🔽 학부모 알림장

다음 내용을 학급 홈페이지 알림장에 올려, 오늘 배운 내용을 가정에서도 연습할 수 있도록 합니다.

- 오늘 스트레스의 또 다른 의미에 대해 배웠습니다. 스트레스가 부정적인 영향을 미치기도 하지만, 적당한 스트레스는 삶에 활력을 주기도 해요. 하지만 '열심히 해라, 이겨내자'는 훈계만 하시기보다 자녀가 겪는 스트레스에서 긍정적인 의미를 함께 찾아 주세요.
  예) 이번 시험에서 좋은 점수를 받고 싶어서 혜준이가 스트레스를 받고 있구나. 그렇지만 혜준이가 그러한 마음을 가지고 있기 때문에 시험 공부에 집중할 수 있는 거란다.

단계	학습 과정
도입 (5′)	⏻ 나의 마음에 집중하기 명상곡 ⏻ 전시학습 상기하기: 공부한 내용 및 과제 확인하기 　－스트레스는 어려운 상황에서 부딪치는 문제를 자신의 능력으로 잘 처리하지 못한다고 느낄 　때 경험하는 신체적, 정신적 긴장상태를 말해요. 만병의 근원은 스트레스라는 말이 있을 정도 　로 스트레스로 인한 부정적인 증상은 많아요. 하지만 스트레스는 무조건 안 좋은 것일까요? ⏻ 공부할 문제 안내하기 　스트레스의 긍정적 의미를 찾아봅시다.
전개 (31′)	⏻ 학습순서 안내하기(1분) 　활동1. 스트레스 의미와 종류 알아보기 　활동2. 스트레스의 긍정적 의미 찾기 ⏻ 활동1. 스트레스 의미와 종류 알아보기(10분) 학습지 9-1 　◆ [모둠] 나에게 스트레스가 되는 상황 나누기 　〈외적 요인〉 　• 물리적 환경(무더위, 소음, 비좁고 답답한 공간 등) 　• 사회적 환경(다른 사람의 공격적 태도 및 명령 등) 　• 개인적 사건(부모님께서 매우 편찮으심, 경제적 어려움, 중요한 시험 준비, 소중한 물건을 잃 　　어버림 등) 　〈내적 요인〉 　• 부정적 습관과 생각(과도한 스케줄, 수면 부족, 자기 비난, 비관적 생각, 완벽주의 등) 　◆ 스트레스의 긍정적 의미 알기 　◆ 동영상 감상하기: 유튜브 SBS 뉴스 〈적당한 스트레스는 뇌 자극제〉(1분 56초) 　　출처: http://youtube.com/watch?v=gvnjwVcnC7o&feature=youtu.be 　　**유의점: 제시된 동영상이 재생되지 않을 경우, '스트레스의 긍정적 의미'로 검색하여 관련된 동영상을 활용한다.** 　　－방송에서 스트레스 호르몬과 기억력의 관계를 보여 주는 종 모양의 곡선이 있었어요. 우리 　　에게 지나친 스트레스는 고통을 주지만, 적절한 수준의 스트레스는 기억력을 높여 주기도 　　했어요. 이제 스트레스의 긍정적인 의미를 살펴봐요. 　　• 좋은(이로운) 스트레스: 성장을 위한 자극 　　• 나쁜(해로운) 스트레스: 자신감을 떨어트리고 일을 방해하는 자극 　　**유의점: 6학년 중 일부 학생들은 진학과 관련하여 스트레스를 받고 있을 수 있다. 그런 학생들에게는 중학교에** 　　**가면 달라지는 점을 설명해 주며 힘들어 함에 공감해 준다.** ⏻ 활동2. 스트레스의 긍정적 의미 찾기(20분) 학습지 9-2 학습지 9-3 　◆ [모둠] 등산을 한 경험과 그 경험을 통해 내가 무엇을 배웠는지 나누기

◆내가 받는 스트레스 상황이나 대상을 적기

◆스트레스의 긍정적인 면 생각하기

◆스트레스 비행기 만들기

〈활동 순서〉

1. 학습지 9-3 의 긴장 비행기와 긍정 비행기를 자른다.
2. 자른 비행기를 종이컵 2개에 각각 붙인다.
3. 종이컵 2개의 바닥을 맞대고, 테이프를 이용해서 붙인다.
4. 종이컵 가운데 부분에 긴 고무줄을 팽팽하게 감는다.
5. 고무줄 끝은 오른손으로 잡고, 손을 앞으로 뻗는다.
6. 종이컵은 왼손으로 들고, 몸 쪽으로 당겼다가 놓는다.
   - 종이컵이 멀리 날지 못할 경우, 고무줄이 꼬이지 않게 감아 준다.

활동1~2

활동3

활동4

활동5

유의점: '스트레스 비행기 만들기'를 만들 때, 아래 동영상을 활용할 수 있습니다.
네이버 TV 〈아띠실험〉 마그누스 효과를 이용한 종이컵 비행기 날리기
출처: http://m.tv.naver.com/v/1618465

◆스트레스 비행기 날리기

◆긍정 비행기의 종이컵 위쪽에 가위집 내고 날리기

- 긍정 비행기에 가위집을 내고 나서 날렸을 때 비행기의 방향이 바뀌는 것을 보았어요. 스트레스는 부정적인 부분과 긍정적인 부분이 있고, 긍정적인 의미로 받아들일 것인지 부정적인 의미로 받아들일 것인지는 여러분이 선택할 수 있어요.

정리
(4′)

⏻ 정리하기

- 스트레스는 힘든 상황에서 자신이 느끼는 긴장상태예요. 여러분은 공부하면서 스트레스를 받기도 하고, 중학교에 가면 달라질 것들에 대해 스트레스를 받기도 할 거예요. 우리는 스트레스의 긍정적 의미를 찾아서 성장을 위한 에너지로 생각해 봤어요.

⏻ 나누기

- 부모님이나 친구와 스트레스에 관해서 이야기 나눠 보세요. 그리고 스트레스 상황에서 긍정적인 의미를 찾았다면, 그 내용을 게시판에 붙여 친구들과 나눠 보도록 해요.

스트레스의 의미 알아보기

학년   반   이름

🔔 어렵고 힘든 상황에서 부딪치는 문제를 내 능력으로 이겨 내기 힘들 때 느끼는 신체적 또는 정신적 긴장을 스트레스라고 합니다. 요즘 여러분이 언제 스트레스를 느끼는지 친구들과 이야기해 보세요.

1.

2.

3.

4.

🔔 스트레스에는 내가 할 수 있다는 자신감을 떨어뜨리고 하려는 일이나 공부를 방해하는 부정적인 스트레스가 있어요. 반면 '더 열심히 한번 해 봐야겠다.'라고 생각하게 만드는 긍정적인 스트레스도 있답니다. 아래 스트레스 호르몬과 기억력의 관계를 나타내는 점선 그래프를 그려 보고, 가장 기억력이 좋은 지점에 ☆표를 해 보세요.

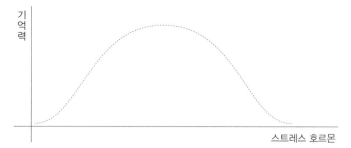

기억력

스트레스 호르몬

학습지 9-2	스트레스의 긍정적 의미 찾기
	학년　　　반　　　이름

🔔 산을 오르는 것은 무척 힘듭니다. 하지만 산에 오르면 상쾌한 공기를 마실 수 있고, 꾸준히 등산을 하면 몸이 좋아지기도 합니다. 공부를 하면서 힘들었던 경험이 나에게 어떤 도움이 되는지 생각해 보고 적어 봅시다.

힘들었던 점:

_____

_____

좋았던 점:

_____

_____

긴장 비행기와 긍정 비행기

학년　　　반　　　이름

🔔 나에게 스트레스가 되는 상황이나 대상을 써 보세요. 그리고 나를 성장시키는 긍정적인 의미를 찾아 적어 보세요.

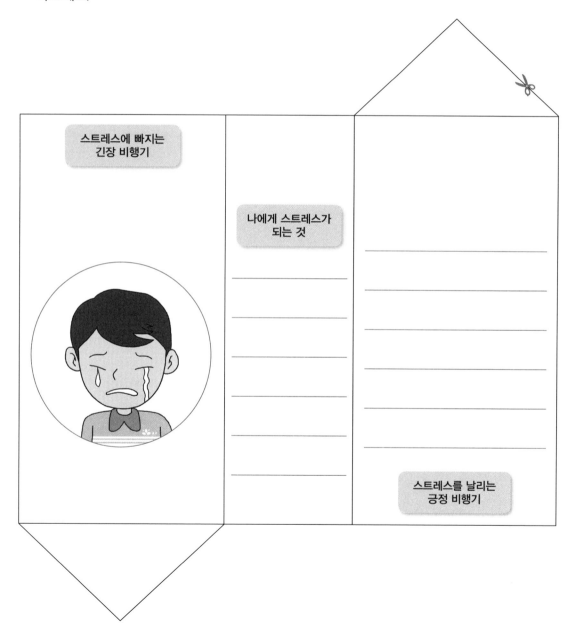

스트레스에 빠지는
긴장 비행기

나에게 스트레스가
되는 것

스트레스를 날리는
긍정 비행기

5~6학년
학교폭력

10. 나의 품격, 말

◉ 학습목표

1. 우리 반의 언어폭력의 실태를 알 수 있다.
2. 상황을 고려하여 긍정적인 표현을 사용할 수 있다.
3. 실생활에서 거짓소문 예방 기술을 활용할 수 있다.

◉ 활동개요

단계	활동	준비물
도입	• 나의 마음에 집중하기 • 전시학습 상기 및 동기 유발하기 • 공부할 문제 안내하기	〈교사〉 명상곡, PPT 고-10
전개	• 활동1: 우리 반의 언어폭력 실태 조사 • 활동2: 언어폭력의 고리 끊기(모둠) • 활동3: 거짓소문의 고리 끊기(모둠)	〈교사〉 PPT 고-10, 교사자료 10-1 〈학생〉 포스트잇(1인당 3~4장)
정리	• 정리 및 나누기	

◉ 지도상 유의점

● 활동2는 포스트잇을 활용하는 모둠활동을 제안하였으나, 칠판이나 게시판 등에 게시하여 반 전체가 나눔활동을 할 수도 있다.
● 거친 말을 사용하는 것은 타인뿐만 아니라 자신에게도 부정적인 영향이 크다는 것을 강조한다.

◉ 학부모 알림장

다음 내용을 학급 홈페이지 알림장에 올려, 오늘 배운 내용을 가정에서도 연습할 수 있도록 합니다.

● 오늘은 언어폭력에 대하여 공부했습니다. 가정에서도 자녀가 거친 언어 표현을 품위 있는 표현으로 바꾸어 쓸 수 있도록 도와주세요.
  예) 노벨상같이 세계적으로 권위를 인정받은 상을 받은 분들이나 대통령 같이 나라를 대표하는 사람들이 ×××(욕설)을 사용하면 어떤 느낌이 들까? ×××(욕설) 대신에 너의 마음을 잘 표현할 수 있는 말은 무엇이 있을까?

단계	학습 과정
도입 (5′)	⏻ 나의 마음에 집중하기 명상곡 ⏻ 전시학습 상기하기: 공부한 내용 및 과제 확인하기 ⏻ 동기 유발하기 ◆동영상 감상하기: 안녕 우리말 제3편 〈마음의 멍, '언어폭력'〉 (3분 55초) ⏻ 공부할 문제 안내하기 품위 있는 말로 이야기해 봅시다.
전개 (30′)	⏻ 학습순서 안내하기(1분) 활동1. 우리 반의 언어폭력 실태 조사 활동2. 언어폭력의 고리 끊기 활동3. 거짓소문의 고리 끊기 ⏻ 활동1. 우리 반의 언어폭력 실태 조사(5분) ◆학생들의 언어사용 실태 조사하기 －우리 반 친구들은 어떤 언어를 사용하고 있는지 다음 물음에 손을 들어 보세요. '우리 반 친구들은 거친 언어를 자주 사용한다.' (① 그렇다 ② 보통이다 ③ 그렇지 않다) 언어폭력: 상대방의 명예를 훼손하거나 인터넷, 카톡, 문자 등으로 욕이나 비방하는 글을 퍼트리는 것 ◆우리 반의 언어폭력 실태 조사하기 포스트잇 －여러분이 교실에서 자주 사용하거나 들었던 폭력적인 언어는 어떤 것들이 있는지 포스트잇에 적어 주세요. －교사는 적어 낸 쪽지를 아래의 유형별로 구분하고, 우리 반의 언어폭력 실태를 칠판에 아래와 같이 정리한다. | 종류	욕설	비속어	폭언	협박	비방	유언비어 | |---|---|---|---|---|---|---| | 사례 수 | 12 | 6 | 3 | 0 | 0 | 1 | ◆학생들과 느낀 점 나누기 ⏻ [모둠] 활동2. 언어폭력의 고리 끊기(12분) ◆상황에 따른 학생들의 대화 실태 파악하기 포스트잇 〈활동 순서〉 1. 상황 1 안내하기: "친구 준영이가 여러분을 째려본다면, 여러분은 어떤 말을 할지 생각해 보고 포스트잇에 적어 보세요." 2. 학생들은 포스트잇에 적은 내용을 모둠원과 나누고, 모둠별로 내용 발표하기

3. 상황 2 안내하기: "이번에는 입장을 바꿔 여러분이 준영이라고 생각해 봅시다. 준영이는 옆에 있는 친구에게 물건을 좀 빌리려고 쳐다봤어요. 그때 여러분이 상황 1에서 적은 내용을 들었다면 어떨까요? 그 말을 들었을 때, 여러분은 무엇이라고 말하고 싶은지 적어 보세요."
4. 학생들은 포스트잇에 적은 내용을 모둠원과 나누고, 모둠별로 내용 발표하기
5. 상황 3 안내하기: "여러분이 사실 상대방이 나를 쨰려본 것이 아니라는 것을 깨달았다면 무엇이라고 말하고 싶은지 포스트잇에 적어 보세요."
6. 폭력적인 언어 표현이 서로의 관계에 어떤 영향을 미치는지 학생들과 느낀 점을 이야기 나누기

[심화] 상황 추가하기: 명수가 내 팔을 때림, 준하가 내 발을 밟음 등

– 이렇게 우리는 상황을 정확히 파악하지 못하고 공격적인 행동이나 말을 할 때가 많습니다. 상황을 정확히 이해하고 문제를 해결할 수 있는 긍정적인 언어를 사용해야 하겠습니다.

⏻ **[모둠] 활동3. 거짓소문의 고리 끊기(12분)** 교사자료 10-1

– 말은 직접적으로 다른 사람에게 상처를 주기도 하지만, 간접적으로 상처를 주기도 해요. 욕설은 아닐지라도 친구에 대한 거짓된 소문을 퍼트리는 행위는 상대방을 모욕하고 명예를 훼손시키는 심각한 학교폭력입니다. 한번 쏟은 물을 다시 주워 담을 수 없듯이 한번 퍼진 소문은 되돌릴 수 없습니다. 이러한 행동은 상대방에게 큰 피해를 끼치게 됩니다. 이럴 때 우리는 다음의 기술을 사용해서 소문이 퍼지는 것을 예방해야 합니다.

〈활동 순서〉
1. 교사는 PPT로 상황을 제시한다.
2. 학생들은 거짓소문 예방 기술들을 활용하여 대답한다.

〈거짓소문 예방하기 기술〉
① 소문 내기를 시작하지 않기
② "그건 단지 소문일 뿐이야." "나는 그 말을 전하지 않겠어." "너도 더 이상 소문내지 마. 친구 마음이 다칠 수 있어."라고 말하기
③ 소문을 아예 듣지 않기
④ 거짓소문이 난 친구의 마음을 생각하기
⑤ 나에 대한 소문이 난다면 어떤 마음일지 생각하기

3. 학생들이 소문이 퍼지는 것을 예방하는 말을 잘했는지 학생들과 확인한다.
4. 다양한 상황에서 연습한다.

유의점: 상황카드(교사자료 10-1)를 활용하여 짝, 모둠원과 반복 연습을 시킬 수 있다.

정리 (5′)	⏻ **정리하기** – 나와 다른 사람들에게 상처를 주는 거친 언어와 거짓소문의 고리를 끊고, 품위 있는 말을 사용하여 자신의 품격을 높이도록 합시다. ⏻ **나누기** – 일주일마다 한 가지씩 나의 거친 언어 표현을 품위 있는 언어로 바꾸어 봅시다.

나의 품격, 말

🔔 〈거짓소문 예방하기〉 활동의 〈상황카드〉

✂

〈상황 1〉

너 그거 들었어? 소민이랑 지환이가 어제 함께 튀김집에서 튀김 먹고 있었대.

〈상황 2〉

하준이가 달수의 돈을 훔쳤대.

〈상황 3〉

혜성이가 말했는데…… 영수가 희철이에게 오후에 싸우자고 했대.

〈상황 4〉

너 그거 알아? 선생님은 미현이만 예뻐해.

〈상황 5〉

진수는 항상 자기 멋대로야. 현민이가 아끼는 팽이를 그냥 달라고 했대.

〈상황 6〉

너 어제 놀이터에서 현서와 은아가 뭘 했는지 알아?

〈상황 7〉

태환이가 너 얼굴 못생겼다고 하더라.

〈상황 8〉

수지랑 친한 친구들이 어제 연화를 카톡방에 초대해서 어떻게 했냐면……

5~6학년
의사소통

11. 거짓말로 쌓은 성

🔽 학습목표

1. 거짓말은 더 많은 거짓말과 정당하지 못한 행동을 키워낸다는 것을 이해한다.
2. 거짓말의 부정적인 면을 활동을 통해 체득한다.
3. 정직한 의사소통이 개인의 신뢰와 건강한 관계를 위해 도움이 됨을 이해한다.

🔽 활동개요

단계	활동	준비물
도입	• 나의 마음에 집중하기 • 전시학습 상기 및 동기 유발하기 • 공부할 문제 안내하기	〈교사〉 명상곡, PPT 고-11
전개	• 활동1: 거짓말의 확대 과정 살펴보기 • 활동2: 하얀 거짓말은 해도 될까? • 활동3: 거짓말 성 쌓기	〈교사〉 PPT 고-11 〈학생〉 학습지 11-1, 11-2, 필기구, 가위, 테이프
정리	• 정리 및 나누기	

🔽 지도상 유의점

● [공간 배치] 거짓말 성 쌓기 활동을 위해 책상을 교실 벽 쪽으로 밀고 교실 가운데에 넓은 공간을 준비한다.

🔽 학부모 알림장

다음 내용을 학급 홈페이지 알림장에 올려, 오늘 배운 내용을 가정에서도 연습할 수 있도록 합니다.

● 오늘은 거짓말에 관해 생각해 보는 시간을 가졌습니다. 부모님께서 경험했던 거짓말과 부정적인 결과를 이야기해 주세요. 더불어 정직한 의사소통의 중요성을 가정에서도 함께 고민해 보기 바랍니다.

예) 어렸을 적에 엄마가 컵을 깨고 어린 삼촌이 깼다고 거짓말을 한 적이 있었어. 덕분에 할머니는 엄마를 혼내지 않으셨지만, 할머니가 삼촌을 혼낼까 봐 조마조마하면서 하루를 보내다 크게 체한 적이 있어. 엄마가 할머니께 솔직히 말씀드렸으면 하루 종일 조마조마하지 않았을 것이고 체하지도 않았을 거야.

단계	학습 과정

도입
(5′)
	⏻ 나의 마음에 집중하기
	
	⏻ 전시학습 상기하기: 공부한 내용 및 과제 확인하기
	
	⏻ 동기 유발하기
	◆ ○○○에 들어갈 말(거짓말) 생각해 보기
	
	  • 한마디의 ○○○을 토한 사람은 이것을 유지하기 위해 다시 스물다섯 마디의 ○○○을 생각해 내지 않을 수 없다. (포퍼)
	  • 진실을 말할 용기가 부족한 사람은 ○○○을 한다. (밀러)
	  • ○○○은 그 자체가 죄일 뿐만 아니라 정신까지도 더럽힌다. (플라톤)
	
	⏻ 공부할 문제 안내하기
	
	  거짓말의 과정을 살펴봅시다.

전개 (32′)	⏻ 학습순서 안내하기(1분) 활동1. 거짓말의 확대 과정 살펴보기 활동2. 하얀 거짓말은 해도 될까? 활동3. 거짓말 성 쌓기 ⏻ 활동1. 거짓말의 확대 과정 살펴보기(10분) <table><tr><td>사소한 사건</td><td>연우는 내일 학교 끝나고 집에 가는 길에 은유와 준서에게 아이스크림을 살 차례이다. 그런데 연우는 하필이면 용돈을 다 써 버렸다. '용돈을 다 썼다고 하면 분명 엄마에게 잔소리를 듣겠지? 엄마가 또 나한테 실망할 텐데.'</td></tr><tr><td>거짓말의 시작</td><td>"엄마, 저 수학 학원 문제집을 다 풀었어요. 오늘까지 사야 해서 학원가는 길에 문제집 사서 가야 해요. 문제집 값 주세요."</td></tr><tr><td>거짓말을 위한 거짓말</td><td>"지난달에 산 걸 벌써 다 풀었어?" "아……! 선생님께서도 제가 빨리 풀었다고 칭찬해 주셨어요. 이번에는 더 어려운 단계 문제집을 사서 풀어 보려구요."</td></tr><tr><td>거짓말의 단기적 이득</td><td>"오~ 그래? 대단하다! 이건 문제집 값, 이건 보너스 용돈!" 연우는 생각보다 많이 생긴 돈으로 은유와 준서에게 아이스크림도 사주고, 평소에 갖고 싶던 블록도 샀다.</td></tr><tr><td>꼬리를 무는 거짓말</td><td>"어! 연우야, 이건 뭐야? 이 블록 어디서 났니?" "아~ 엄마! 아! 그거는 제가 이번에 학원 테스트에 통과했거든요. 어려운 단계도 잘한다고, 학원에서 상으로 받았어요."</td></tr><tr><td>거짓말로 인한 몰락</td><td>"연우야! 엄마께서 전화하셨는데, 내가 무슨 상을 줬니?" "네? 아니 그게……" "연우야! 학원선생님께 감사하다고 전화했다가 이게 무슨 일이니! 학원에서는 테스트도, 상도 없었다는데! 너 그동안 엄마를 속인 거야?" "아……!"</td></tr></table>

◆거짓말의 확대 과정을 이해하기 위한 질문하기

　　−거짓말의 시작은 어땠나요?

　　−거짓말을 한 뒤 어떤 단기적 이득이 있었나요?

　　−거짓말을 덮기 위해 또 어떤 거짓말을 했나요?

　　−거짓말의 결과 어떤 일이 생겼나요?

　　−거짓말이 영원히 유지될 수 있을까요?

　　−처음부터 거짓말을 하지 않았다면 어땠을까요?

⏱ **활동2. 하얀 거짓말은 해도 될까?(8분)** `학습지 11-1`

　−그렇다면 '하얀 거짓말'은 해도 될까요?

◆사례를 살펴보기

　　−지율이와 준우는 어딜 가기로 했나요?

　　−준우가 늦었을 때 지율이는 어떻게 대답했나요?

　　−몇 차례 이런 일이 있고 난 후, 지율이는 준우에 대해 어떤 마음이 들었나요?

　　−이렇게 하얀 거짓말은 순간의 관계를 편하게 해 줄 수는 있지만, 장기적인 관계에서는 불편함을 만들 수 있습니다.

⏱ **활동3. 거짓말 성 쌓기(13분)** `학습지 11-2`

◆나의 거짓말 성 만들기

> 〈활동 순서〉
>
> 1. 나의 거짓말 성 만들기
>   - 삼각뿔 전개도의 안쪽 면에는 내가 했던 거짓말을, 바깥 면에는 내 이름을 쓴 삼각뿔 만들기
> 2. 우리 학급 또는 분단의 거짓말 성 쌓기
>   - 각자 만든 자신의 거짓말 성을 모아서 학급 또는 분단의 거짓말 성 쌓기
> 3. 완성한 분단 혹은 학급의 거짓말 성에 약한 바람이나 가벼운 충격을 주기
> 4. 거짓말 성이 쉽게 무너지는 것을 확인하기

　　−자신의 거짓말을 안쪽 면에 쓰고 싶었나요, 바깥쪽 면에 쓰고 싶었나요?

　　−거짓말 성을 쌓기 쉬웠나요?

　　−거짓말 성이 쉽게 무너지는 것을 보고 어떤 생각이 들었나요?

정리 (3′)

⏱ **정리하기**

　−오늘 우리는 사소한 사건에서 거짓말이 시작되고, 거짓말이 확대되는 과정을 배웠습니다. 그리고 결국은 그 거짓말이 드러나면서 더 심각한 문제를 만드는 것도 확인했습니다.

◆알게 된 점이나 느낀 점 발표하기

　　−오늘 학습을 통해 알게 된 점이나 느낀 점을 발표해 봅시다.

⏱ **나누기**

　−거짓말로 인해 몰락한 인물이나 사건을 찾아보며 거짓말에 대한 자신의 생각을 정리해 보세요.

하얀 거짓말

학년   반   이름

준우: 지율아, 미안해! 늦었지. 얼른 학원 가자.

지율: 괜찮아, 기다리면서 게임 좀 하니까 지루하지 않았어.

준우: 아 그래? 다행이다.

〈며칠 후〉

준우: 지율아~ 나 금방 내려갈게. 조금만 기다려!

지율: 응~ 괜찮아. 시간 있으니 천천히 나와. 게임하고 있을게.

준우: 넌 진짜 착해.

〈며칠 후〉

지율: 준우야, 언제 나와?

준우: 응~ 곧 갈게. 저~기 너 보인다. 너 파란색 옷 입었지?

지율: 응? 아닌데? 너 나왔어?

준우: 아, 그래? 나 아직 집이야. 곧 나갈게. 게임하고 있어!

지율: (어쩜, 준우는 매번 늦지? 늘 나만 기다리게 하고. 아~ 짜증나.)

준우: 나 왔어! 게임했어? 가자! 근데 왜 그래? 안 좋은 일 있어?

지율: 야, 좀 시간 맞춰 나와.

준우: 야~ 뭐야, 너 지난번엔 괜찮다며. 그럼 그때 말을 하지. 왜 오늘은 성질이야.

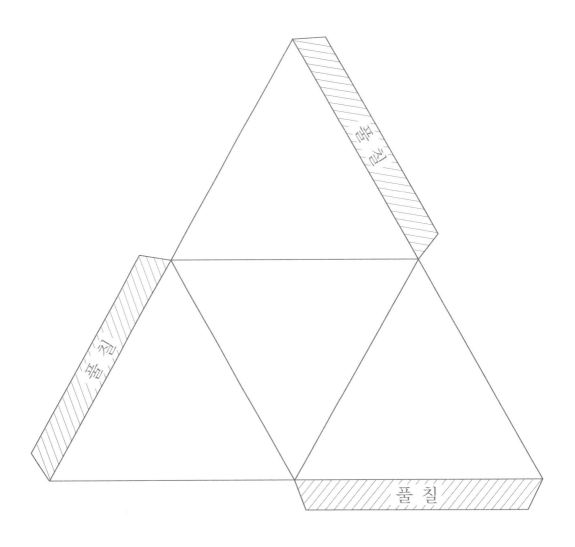

거짓말 성 쌓기

학습지
11-2

학년   반   이름

풀 칠

12. 갈등해결방법 적용하기

⬇ 학습목표

1. 갈등의 의미를 알 수 있다.
2. 갈등해결이 중요함을 이해한다.
3. 갈등해결방법을 적용할 수 있다.

⬇ 활동개요

단계	활동	준비물
도입	• 나의 마음에 집중하기 • 전시학습 상기 및 동기 유발하기 • 공부할 문제 안내하기	〈교사〉 명상곡, PPT 고−12
전개	• 활동1: 갈등의 의미 알기(모둠) • 활동2: 갈등해결의 중요성 알기(모둠) • 활동3: 갈등해결방법 적용하기(짝)	〈교사〉 PPT 고−12, 교사자료 12−1 〈학생〉 학습지 12−1, 12−2, 12−3, 12−4
정리	• 정리 및 나누기	• 게시판 활용

⬇ 지도상 유의점

● 갈등이 생겼을 때 갈등해결방법을 적용하면서 여러 가지 해결방법을 사용하는 것이 좋음을 강조한다.

● 갈등 상황이 다양할 수 있으므로 여러 가지 갈등해결방법을 알고 상황에 적절하게 적용하는 것이 바람직함을 강조한다.

⬇ 학부모 알림장

다음 내용을 학급 홈페이지 알림장에 올려, 오늘 배운 내용을 가정에서도 연습할 수 있도록 합니다.

● 오늘은 상황에 따라 다양한 갈등해결방법을 적용해 봤습니다. 어떤 방법들에 대해 배웠는지 자녀와 대화를 나눠 주세요. 부모님께서도 자녀와 갈등을 겪을 때 적절한 방법을 사용해 보시고 갈등해결방법을 자녀에게 상기시켜 주세요.
예) 친구랑 다툼이 생기면 어떻게 하면 좋을까?

단계	학습 과정

도입
(5´)
	⏻ 나의 마음에 집중하기 [명상곡]
	
	⏻ 전시학습 상기하기: 공부한 내용 및 과제 확인하기
	
	⏻ 동기 유발하기
	
	◆친구나 가족 사이에 갈등이 생겼을 때 해결한 경험 말해 보기
	
	  – 친구나 가족 사이에 다투거나 싸워서 갈등이 생겼던 경험을 말해 볼까요? 그렇게 갈등이 생
	   겼을 때 어떻게 해결했나요?
	
	  유의점: 교사가 갈등이라는 용어를 사용하여 학생들이 인식하도록 한다.
	
	⏻ 공부할 문제 안내하기
	
	  갈등해결방법을 적용해 봅시다.

전개
(30´)
	⏻ 학습순서 안내하기(1분)
	  활동1. 갈등의 의미 알기
	  활동2. 갈등해결의 중요성 알기
	  활동3. 갈등해결방법 적용하기
	
	⏻ 활동1. 갈등의 의미 알기(8분) [학습지 12-1]
	
	  –'갈등' 하면 생각나는 것들을 모두 적은 후 갈등의 의미를 생각해 봅시다.
	  ◆'갈등' 하면 생각나는 단어 적기
	  ◆[모둠] '갈등'의 의미 작성하기
	  ◆전체 의견 나누기
	
	  ┌───┐
	   갈등: 서로 입장, 의견, 생각이 달라서 부딪치거나 사이좋게 지내지 못하는 것
	  └───┘
	
	  –사람은 누구나 갈등을 경험하며, 친구, 가족, 이웃 등 다양한 사람들과 갈등을 겪으면서 살아
	   갑니다. 다른 사람들과 잘 지내기 위해서 갈등을 잘 처리하는 것을 갈등해결이라고 합니다.
	
	⏻ 활동2. 갈등해결의 중요성 알기(5분) [학습지 12-2]
	
	  –갈등을 잘 해결하지 못한 경우와 잘 해결한 경우에 각각 어떤 결과가 발생할지 생각해 보고,
	   두 가지 이상 적으세요.
	  ◆[모둠] 갈등해결의 결과에 대해 적고 모둠원들과 토의하기
	
	  **예) 갈등을 잘 해결하지 않으면 서로 사이가 나빠지고, 자신의 마음이 불편해지며, 학교에 가기도 싫어진다. 따
	  라서 갈등을 잘 해결하는 것이 중요하다.**
	  **예) 갈등을 잘 해결하면 또래, 친구와의 사이도 좋아지게 되고 자신의 마음도 편해지며 다음에 또 같은 갈등을
	  겪게 되면 쉽게 해결할 수 있는 등 다양한 좋은 점이 있다.**

	⏻ 활동3. 갈등해결방법 적용하기(16분) `학습지 12-3` `교사자료 12-1` `학습지 12-4` ◆갈등해결방법을 칠판(컴퓨터 화면)에 게시 – 갈등해결방법에 대한 카드입니다. 어떤 방법인지 알아맞혀 봅시다. 실제로 그 방법을 직접 사용한다면 어떻게 할 수 있을까요? – 갈등 사례(상황)를 한 가지 적고, 학습지 뒷면을 참고하여 그 사례에 대한 갈등해결방법을 순차적으로 적용해 봅시다. ◆[짝] 갈등 사례(상황) 적기 ◆[짝] 갈등해결방법 적용하기 ◆적용한 갈등해결방법 및 느낀 점 발표하기
정리 (5′)	**⏻ 정리하기** – 우리는 모두 일상생활에서 친구, 형제, 부모, 이웃들과 갈등을 경험할 수 있어요. 갈등을 해결하는 다양한 갈등해결방법들이 있어요. 하나의 갈등 상황에 여러 가지 갈등해결방법을 적용하면 갈등 상황에 더욱 잘 대처할 수 있답니다. ◆이 시간을 통해 알게 된 점, 느낀 점 발표하기 – 이 시간을 통해 새롭게 알게 된 점과 느낀 점을 말해 봅시다. **⏻ 나누기** – 최근 자신이 경험한 갈등 상황을 떠올려 보고 적용하면 좋을 갈등해결방법을 세 가지 이상 게시판에 적어 보세요. **유의점: 학급 게시판에 갈등해결방법을 적을 공간을 마련하여 학생에게 알려 준다.**

갈등이란?

학년   반   이름

🔔 '갈등' 하면 생각나는 것들을 모두 쓰세요(더 쓰고 싶으면 칸을 만들어서 써 보세요).

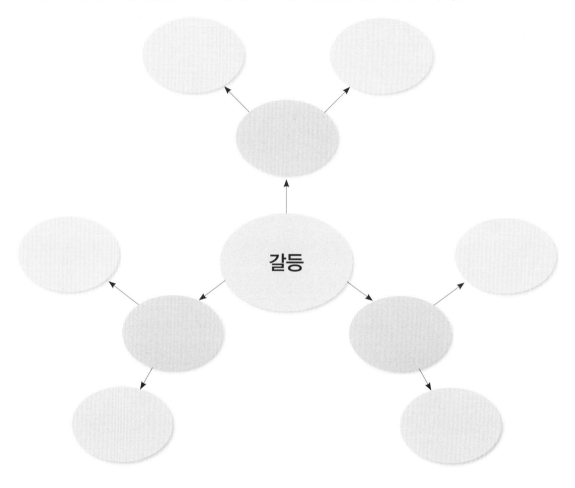

🔔 위에 적은 단어들을 보고, '갈등'이 무엇인지 써 보세요.

갈등은

갈등해결의 중요성을 알아봅시다!

학년   반   이름

🔔 갈등을 잘 해결하지 못한 경우 어떤 결과가 나타날지 두 가지 이상 쓰세요.

◎ _____

◎ _____

◎ _____

◎ _____

◎ _____

🔔 갈등을 잘 해결한 경우 어떤 결과가 나타날지 두 가지 이상 쓰세요.

◎ _____

◎ _____

◎ _____

◎ _____

◎ _____

갈등해결방법 알기

학년   반   이름

🔔 '그림'에서 나타내는 갈등해결방법은 무엇일까요?

※ 참고: B4 또는 A3로 인쇄해서 칠판에 게시하거나 컴퓨터 화면에 띄워 보여 줍니다.

학습지 12-4(앞면)

갈등해결방법을 적용해 봅시다!

학년   반   이름

● '갈등' 사례(상황)를 적고, 뒷면을 참고하여 갈등해결방법을 세 가지 이상 적용해 보세요.

갈등 사례(상황):

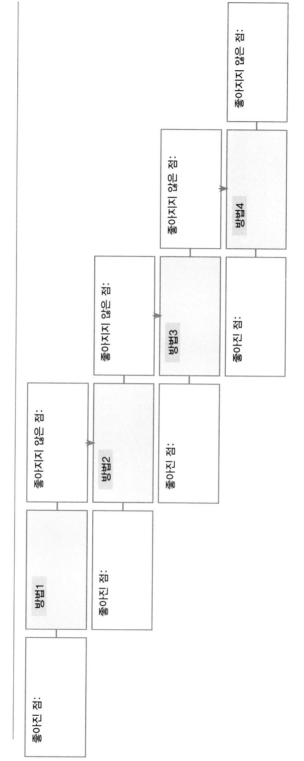

방법1
좋아진 점:
좋아지지 않은 점:

방법2
좋아진 점:
좋아지지 않은 점:

방법3
좋아진 점:
좋아지지 않은 점:

방법4
좋아진 점:
좋아지지 않은 점:

● 위에서 여러 가지 갈등해결방법을 적용한 후 느낀 점을 쓰세요.

※ B4 또는 A3로 확대하여 사용하면 좋습니다.

12. 갈등해결방법 적용하기   255

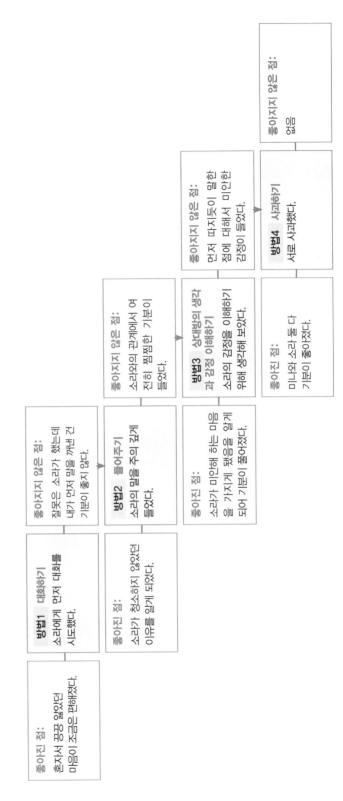

학습지
12-4(뒷면)

갈등해결방법을 적용해 봅시다!

학년   반   이름

● '갈등'이 생겼을 때 갈등해결방법을 세 가지 이상 적용해 보세요.

갈등 사례(상황): 오늘 당번은 미나와 소라다. 1교시 후 쉬는 시간이 되자마자 미나는 칠판을 닦고 정리했다. 미나가 정리를 끝낼 때까지 소라는 책상과 이야기했다. 소라는 자신이 당번이라는 사실을 깜빡했다. 2교시에도 역시 미나 혼자 청소를 했다. 당번은 두 명인데 왜 혼자서만 청소해야 하는지 모르겠다. 미나는 소라한테 화를 냈다.

방법1 대화하기
소라에게 먼저 대화를 시도했다.

좋아진 점:
혼자서 끙끙 앓았던 마음이 조금은 편해졌다.

좋지지 않은 점:
잘못은 소라가 했는데 내가 먼저 말을 꺼낸 건 기분이 좋지 않다.

방법2 들어주기
소라의 말을 주의 깊게 들어줬다.

좋아진 점:
소라가 청소하지 않았던 이유를 알게 되었다.

좋아지지 않은 점:
소라와의 관계에서 여전히 찜찜한 기분이 들었다.

방법3 상대방의 생각과 감정 이해하기
소라의 감정을 이해하기 위해 생각해 보았다.

좋아진 점:
소라가 미안해 하는 마음을 가지게 됐음을 알게 되어 기분이 풀어졌다.

좋아지지 않은 점:
먼저 따지듯이 말한 점에 대해서 미안한 감정이 들었다.

방법4 사과하기
서로 사과했다.

좋아진 점:
미나와 소라 둘 다 기분이 좋아졌다.

좋아지지 않은 점:
없음

※ B4 또는 A3로 확대하여 사용하면 좋습니다.

256   제2부 교수학습지도안

갈등해결방법 알기

🔔 '그림'에서 나타내는 갈등해결방법은 무엇일까요?

대화하기

들어주기

사과하기

함께 해결방법 찾기

너(상대방)의 생각과 감정 이해하기

도움 구하기

※ 참고: B4 또는 A3로 인쇄해서 칠판에 게시하거나 컴퓨터 화면에 띄워 보여 줍니다.

5~6학년
협력

13. SEL Day

🔽 학습목표

1. 협력의 필요성을 알 수 있다.
2. 서로 협력하여 문제를 해결할 수 있다.
3. 공동의 문제를 해결하기 위하여 협력하는 태도로 참여한다.

🔽 활동개요

단계	활동	준비물
도입	• 나의 마음에 집중하기 • 전시학습 상기 및 동기 유발하기 • 공부할 문제 안내하기	〈교사〉 명상곡, PPT 고-13
전개	• 활동1: 협력의 필요성 알기 • 활동2: 협력 계획하기 • 활동3: SEL Day 실행하기	〈교사〉 PPT 고-13 〈학생〉 학습지 13-1
정리	• 정리 및 나누기	

🔽 지도상 유의점

- SEL 계획 수립 및 실행 단계에서 역할이 누락되는 학생 없이 학급 구성원 모두가 책임감을 갖고 각자의 역할을 수행하도록 한다.
- SEL 계획 수립 및 실행 단계에서 어떠한 역할이든지 중요도가 같고, 작은 일이라도 자신의 역할을 성실하게 수행해야 함을 강조한다.
- 개인의 성공보다는 협력의 필요성을 느낄 수 있도록 설명한다.
- 친구들이 서로를 볼 수 있는 'ㄷ'자형 배치를 활용하여 회의가 활성화될 수 있도록 한다.
- 협력을 계획하고 SEL Day를 준비하는 활동과 SEL Day를 실행하는 활동을 한 차시에 마칠 수 없을 수도 있으므로 2차시로 나눠 운영할 수 있다.

🔽 학부모 알림장

다음 내용을 학급 홈페이지 알림장에 올려, 오늘 배운 내용을 가정에서도 연습할 수 있도록 합니다.

- 오늘 협력에 대해 배웠습니다. 활동을 하면서 어떤 생각을 했는지 이야기 나눠 주세요.
- 가정에서 가족이 협력하여 해결할 수 있는 일이 있는지, 어떻게 협력하여 해결할 수 있는지, 협력하는 과정에서 자녀의 역할과 부모의 역할은 무엇인지에 대해 대화해 보세요. 자녀의 역할을 물을 때 부모님께서 자녀에게 이렇게 협력해야 한다고 강요하거나 심리적 부담을 지우지 않도록 유의해 주세요.

단계	학습 과정
도입 (2′)	⏻ 나의 마음에 집중하기 명상곡 ⏻ 전시학습 상기하기: 공부한 내용 및 과제 확인하기 ⏻ 공부할 문제 안내하기 SEL Day를 계획하고 실행해 봅시다.

전개 (36′)	⏻ 학습순서 알기(1분)
	  활동1. 협력의 필요성 알기
	  활동2. 협력 계획하기
	  활동3. SEL Day 실행하기
	
	⏻ 활동1. 협력의 필요성 알기(3분)
	◆학급에서 협력해야 할 일 찾아 발표하기
	  예) 협동 작품 만들기, 새 학년 교과서를 옮길 때, 체육대회, 학예회 공연, 학급 규칙 세우기 등
	  – 원하는 목적을 성취하기 위해서 학급 구성원들이 서로 협력하면 개인은 힘을 적게 들이고도 더 발전적인 해결책을 찾을 수 있습니다.
	
	⏻ 활동2. 협력 계획하기(10분)
	◆[모둠] SEL 활동 떠올리기 학습지 13-1
	  • 활동 내용과 방법을 모둠에서 결정하기
	  – 우리가 SEL에서 배운 것들을 정리하여 SEL Day를 만드는 활동을 해 봅시다. 먼저, 우리가 어떤 활동을 했는지 떠올려 봅시다. 우리가 SEL 활동을 하면서 기억에 남는 것들을 모둠별로 학습지에 정리합니다. 학습지는 생각그물 방법을 사용하여 한 단어 또는 두 단어로 간단하게 정리합니다.
	  예) 강점-내가 잘할 수 있는 것 등
	◆[모둠] 활동 방법 선택하기
	  • SEL Day 알리기(초대장, 안내판 만들기), SEL Day 작품 전시하기, 활동 소감 인터뷰하기, SEL 노래 만들기, SEL 역할극하기 등
	  • 개인 역할 나누기

유의점: 활동시간 확보를 위해서 계획하기 시간에 제한을 둔다. 모둠 간 중복된 활동도 허용한다. 협력 작업의 계획과 SEL Day 준비에 소요되는 시간이 길어지면 이번 차시는 여기에서 종료하고, 활동3은 별도의 차시로 진행할 수 있다.

⏻ 활동3. SEL Day 실행하기(22분)

◆각 모둠의 작품을 전시하기: SEL Day 알리기(초대장, 안내판 만들기), SEL Day 작품 전시하기 등

◆동영상 촬영하기: 활동 소감 인터뷰하기, SEL 노래 만들기, SEL 역할극하기 등

◆모둠에서 동영상 촬영을 할 수 없을 경우 교사에게 도움 요청하기

◆전시 작품과 동영상 감상하기

유의점: 활동 과정에서 협력의 필요성과 효과를 알 수 있도록 지도한다.

정리 (2′)	⏻ 정리하기 －SEL 활동을 하면서 가장 기억에 남는 것은 무엇인가요? －오늘 활동을 하면서 재미있었거나 어려웠던 점은 무엇인가요? －다른 모둠의 작품을 보고 칭찬할 것이 있나요? ⏻ 나누기 －자신과는 다른 생각을 가진 친구들과 함께 활동하면 여러 가지 해결방법을 찾을 수 있습니다. 또한 여러 명이 협력하면 힘을 적게 들이고도 문제를 해결할 수 있습니다.

학습지 13-1	함께 하는 SEL ( )모둠
	학년 반 이름

🔔 SEL 활동에서 생각나는 것을 정리해 봅시다.

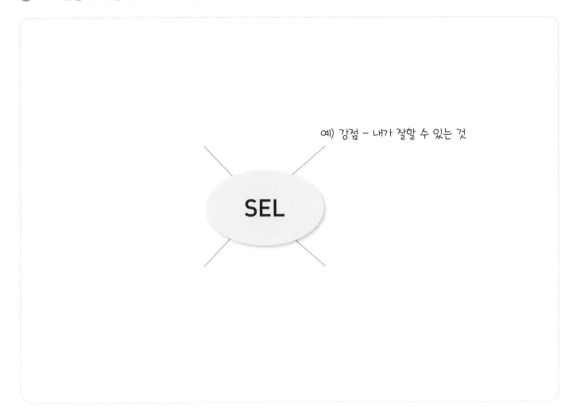

예) 강점 – 내가 잘할 수 있는 것

SEL

🔔 SEL Day

활동	세부 계획
참고: SEL Day 알리기(초대장, 안내판 만들기), SEL Day 작품 전시하기, 활동 소감 인터뷰하기, SEL 노래 만들기, SEL 역할극하기 등	

'나의 마음에 집중하기' 활동은 본격적으로 수업을 시작하기 전, 마음의 상태를 차분하게 만들어 수업에 집중시키기 위해서 하는 활동입니다. 이를 위해 조용한 음악을 들으며, 나의 몸과 마음을 편안하게 하면 됩니다. 다음에 활용할 수 있는 명상곡 및 활동 목록을 안내해 드립니다. 그리고 명상곡이나 활동들 중 실시해 보고 싶은 한 가지를 1학기에 꾸준히 실시해 볼 수 있고, 혹은 변화를 주며 실시할 수 있습니다.

부록 2-1. 명상곡 목록

NO	명상곡, 허밍, 연주곡 등 검색하기	
	제목(-작곡가)	공유자
1	Claire de Lune - Debussy	Gowol(2012)
	[출처] https://www.youtube.com/watch?v=zpIgoy3Q1OE	
2	Meditation from Thais - Massenet	eerjun(2013)
	[출처] https://www.youtube.com/watch?v=bsYNdzPPmZk	
3	Nocturne op.9 No.2 - Chopin	andrea romano(2013)
	[출처] https://www.youtube.com/watch?v=9E6b3swbnWg	
4	River flows in you - Yiruma	YirumaVEVO(2012)
	[출처] https://www.youtube.com/watch?v=7maJOI3QMu0	
5	Poéme - Secret Garden	Tatiana Blue(2012)
	[출처] https://www.youtube.com/watch?v=KdKgdHxYs10	
6	한적한 숲 속 소리와 연주곡	Relaxing Music 핑크에이드(2016)
	[출처] https://www.youtube.com/watch?v=s3DlSRSmO8U	
7	잔잔하고 감미로운 뉴에이지 음악 모음	A lazy afternoon(2015)
	[출처] https://www.youtube.com/watch?v=zuWX9zJPOvI	
8	몸과 마음이 편안해지는 잔잔한 피아노곡	Relaxing Music 핑크에이드(2015)
	[출처] https://www.youtube.com/watch?v=Mk97AvRFf_0	
9	유튜브 asmr soupe (예: 봄비, 우산, 산책 그리고 피아노 소리 등)	
	[출처] https://www.youtube.com/channel/UCjCDp8b2wtGIiaC3ZqKomSQ	

부록 2-2. 활동 목록

NO	활동 목록
1	숨 내쉬기 세 번
2	긍정적인 문장을 떠올리며 손발 펴기
3	풍선 날리기
4	나무가 되어
5	상상하는 대로
6	감각 자극하기
7	마음 집중 심화 'STAR'
8	순간이동

[활동 1] 숨 내쉬기 세 번

반듯한 자세로 긴장을 풀고 천천히 숨을 쉬세요. 가능하면 입으로 천천히 숨을 내쉽니다. 더 길게 숨을 내쉬며 자신의 리듬을 찾습니다. 억지로 숨을 쉰다는 느낌이 아니라 부드럽고 자연스럽게 숨을 쉽니다.

1. 첫 숨은 머리에 힘을 빼고 코에 들어오는 공기를 느낍니다. 숨을 내쉬면 여러분의 얼굴 전체의 긴장이 풀립니다. 천천히 숨을 내뱉습니다.
2. 두 번째 숨은 코로 들어온 공기를 배꼽까지 보냅니다. 숨을 내쉬면 여러분의 상체 전체의 긴장이 풀립니다. 천천히 숨을 내뱉습니다.
3. 세 번째 숨은 코로 들어온 공기를 발끝까지 보냅니다. 숨을 내쉬면 하체 전체의 긴장이 풀립니다. 천천히 숨을 내뱉습니다.

[활동 2] 긍정적인 문장을 떠올리며 손발 펴기

1. 의자에 닿은 몸의 부위에 주의를 기울이세요. 그러다가 점차 안정되어 가는 호흡에 집중하세요. 숨을 내쉴 때는 손과 발을 가볍게 의자 밑으로 늘입니다.

2. 숨을 깊게 들이쉬며 머리 위로 팔을 들고 손가락 끝부터 발가락 끝까지 온몸을 쭉 펴세요. 천천히 숨을 내쉬면서 원 상태로 돌아옵니다. (세 번 반복)

앞의 활동을 서서 할 경우 천정이나 하늘 끝에 손을 댄다고 상상하면 몸이 더 잘 펴질 수 있습니다.

3. 몸을 쭉 폈을 때 생겨나는 상쾌한 기분에 집중하세요. 그 순간을 생각하면서 긍정적인 문장을 만들어 보세요. 예를 들어, '나는 소중해' '나는 평화로운 사람이야' '내 몸에는 힘찬 에너지가 가득해' 등의 문장을 생각하면 됩니다.

[활동 3] 풍선 날리기 ///

1. 눈을 감아보세요. 조용하고 편안한 나만의 장소에 머문다고 상상해 보세요. 천천히 호흡에 집중하세요.
2. 여러분은 풍선의 끈을 쥐고 있습니다. 각 풍선에는 내가 싫어하는 것, 나를 힘들게 하는 것들이 들어있습니다. 여러분은 풍선을 하나씩 하나씩 푸른 하늘로 날려 보내고 있습니다. 그 풍선들이 멀리 사라지고 있네요.
3. 맑은 하늘에서 따뜻하게 내리쬐는 햇빛을 몸으로 느껴 보세요.
4. 여러분이 건강하고 행복해진 모습을 상상해 보세요.

[활동 4] 나무가 되어 ///

1. 자리에서 일어나 몸 곳곳을 살살 흔들어 긴장된 곳을 풀어 주세요.
2. 이제 눈을 감고 건강한 뿌리, 우람한 줄기, 넓게 펼쳐진 가지를 상상하세요. 이제 나무가 됩니다. 바닥에 발바

닥을 붙이세요.

3. 숨을 내쉬면서 땅으로 뿌리를 뻗어 내린다고 상상하세요. 다리, 골반, 배까지 천천히 편안해집니다.

4. 호흡하면서 천천히 어깨를 움직이세요. 숨을 들이쉴 때는 위로 펼쳐진 튼튼한 가지와 잎사귀들을 상상하세요. 팔을 뻗어도 좋아요.

5. 여러분은 아주 멋진 나무입니다. 앞으로도 이 나무는 훌륭한 능력을 보여 줄 것이며 잘 지낼 것입니다.

[활동 5] 상상하는 대로

오늘은 방해자 없이 마음껏 자유를 누려 봅시다. 눈을 감으세요.

1. 여러분은 드넓은 하늘을 새처럼 날고 있습니다. 깊게 호흡하면서 자유를 느껴 보세요.

2. 여러분은 깨끗한 물속에서 헤엄치고 있습니다. 깊게 호흡하면서 자유를 느껴 보세요.

3. 여러분은 꿀을 모으는 꿀벌이나 나비가 되었습니다. 깊게 호흡하면서 자유를 느껴 보세요.

4. 여러분은 높은 산에 올라와서, 큰 소리로 소리치고 있습니다. 깊게 호흡하면서 자유를 느껴 보세요.

5. 여러분은 드넓은 꽃밭에서 즐겁게 뒹굴고 있습니다. 깊게 호흡하면서 자유를 느껴 보세요.

6. 여러분은 가로수가 길게 늘어선 길에서 바람을 가르며 자전거를 타고 있습니다. 깊게 호흡하면서 자유를 느껴 보세요.

[활동 6] 감각 자극하기

1. 눈을 감고 보이는 것에 집중해 보세요.

2. 귀를 기울여 지금 들리는 소리에 집중하세요.

3. 코로 공기를 들이마시고, 어떤 냄새가 나는지 느껴 보세요.

4. 레몬 같은 새콤한 과일을 떠올려 보고, 입안에서 느껴지는 맛에 집중해 보세요.

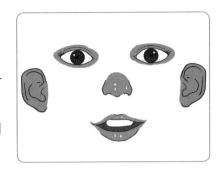

[활동 7] 마음 집중 심화 'STAR'

STAR는 다양한 마음챙김 활동을 조합하여, 연습할 수 있는 활동입니다. 또한 학생들이 기억하기 좋게 앞 글자를 따서 만든 활동이므로, 별모양의 상징물을 학교에 게시하여 학생들이 상기하도록 도와주세요.

1. Stop(멈춤): 어려움에 부딪쳤을 때 멈추세요.

2. Take a deep breath(숨쉬기): 천천히 심호흡하세요.

3. Accept(받아들이기): 어려움을 받아들이고 '그럴 수도 있는 거지'라고 말해 보세요.

4. Restart(다시 시작하기): 상황이 받아들여진 후, 다시 시도해 보거나 다른 문제로 나아가세요.

[활동 8] 순간이동

1. 눈을 감고 소리에 귀를 기울이며 천천히 숨을 쉬세요. 숨을 더 천천히 쉬면서 주위 소리에 귀를 기울여 보세요. 여러분이 지금 앉아 있는 교실의 모습을 상상해 보세요.

교사는 유튜브 asmr soupe에서 명상곡으로 사용할 음악이나 소리를 정하여 들려 줍니다(예: 우주정거장, 바닷가 식당 등).

2. 여러분은 교실에서 새로운 세계로 순간이동할 거예요.

이제 새롭게 들리는 소리에 귀를 기울여 보고, 여러분이 어떤 세계로 왔는지 상상해 보세요.

부록 참고자료

[활동 1~6] Binay, F. (2017). 몸을 씁니다: 프랑스에서 온 심리치유 운동법, 소프롤로지 121. (박태신 역). 서울: 도서출판 가지.

[활동 7] Saltzman, A. (2016). 마음챙김 명상 교육 [*A still quiet place*]. (김철호 역). 서울: 어문학사. (원전은 2014년에 출판)

규칙준수   **1. 지켜서 즐거운 우리**

신현숙, 류정희, 박주희, 이은정, 김선미, 배민영, 윤숙영, 강금주(2015). 중학생을 위한 사회정서학습 프로그램. 서울: 학지사.

[관련 영상]

1. 유튜브 국립대구박물관 〈박물관 전시실 관람예절〉
2. 유튜브 깨비키즈 〈요절복통 알랑이-예의 바른 알랑이〉

습관형성   **2. 오늘 내가 할 일**

송한경(2002). 초등학생의 책임감 증진을 위한 집단상담의 효과. 부산교육대학교 교육대학원 석사학위논문.
안혜신, 이숙향(2015). 자기관리전략을 이용한 자기일과계획하기 교수가 지적 장애 청소년의 자기일과계획하기, 자기주도 활동 및 일과활동패턴의 다양성에 미치는 영향. 특수교육, 14(1), 99-127.

[관련 영상]

1. 유튜브 〈뽀로로의 하루〉
2. EBS 기획특집 〈습관을 바꾸면 공부가 잡힌다〉

자기이해   **3. 강점 나무**

임재연(2013). 또래 괴롭힘 참여역할에 따른 긍정적 강점의 차이: 또래 괴롭힘 예방을 위한 피해방어자의 긍정적 강점. 한국학교사회복지학회지, 24, 131-151.
정진섭, 김은실(2015). 강점기반 자존감 향상 프로그램이 저소득 한부모 가정 아동의 자아존중감과 적응유연성에 미치는 효과. 학습자중심교과교육학회지, 15(11), 509-532.

[관련 영상]

1. 유튜브 〈강점 나무 그리기〉
2. 유튜브 〈넌 할 수 있어라고 말해 주세요〉

감정   **4. 즐겁고 신나는 감정**

백청강(2015). 아동용 학교기반 정서지능 개입 프로그램의 효과. 숙명여자대학교 대학원 박사학위논문.
이지숙(2011). 정서지능 향상 프로그램이 초등학생의 정서지능과 대인관계에 미치는 효과. 대구대학교 대학원 박사학위논문.

[관련 영상]

1. 유튜브 〈춤추는 펭귄 또니: 기쁨〉
2. 유튜브 EBS 유아학교 〈초등학교 저학년 아이들은 어떻게 정서발달이 되나요?〉

공감   **5. 마음을 비추는 표정**

이재희(2013). 초등 저학년생의 공감 능력 향상을 위한 공감 교육 프로그램의 개발 및 적용. 이화여자대학교 대학원 석사학위논문.

Hoffman, M. L. (1987). The contribution of empathy to justice and moral judgment. In N. Eisenberg & J. Strayer (Eds.), *Empathy and its development*. Cambridge, UK: Cambridge University Press.

[관련 영상]

1. EBS 다큐프라임 〈표정의 비밀〉 1부
2. 유튜브 교육의 모든 것 〈mini podcast_상대의 마음을 여는 경청 대화법〉

분노조절 6. 화가 날 때는 멈춰요

장혜주, 임지영(2011). 초등학교 저학년 아동의 분노표현방식 유형에 관한 연구: Q방법론 적용. 대한가정학회지, 49(4), 11-23.

장혜주, 임지영(2012). 초등학교 저학년 아동의 분노원인, 분노표현 유형과 사회적 유능감 및 정서지능 간의 관계연구. 아동학회지, 33(3), 23-43.

[관련 영상]

1. EBS 다큐프라임 〈당신이 화내는 진짜 이유〉 1부
 2. 유튜브 〈신호등 송〉

타인존중 7. 내 친구

염승희(2010). 사회적 기술 훈련 집단프로그램이 다문화가정 아동의 심리사회적 적응에 미치는 효과. 전남대학교 대학원 석사학위논문.

윤소연(2013). 초등학교 고학년의 다문화 수용성 향상을 위한 집단상담 프로그램 개발. 한국교원대학교 대학원 석사학위논문.

장새롬, 박부진(2011). 집단독서치료 프로그램이 시설아동의 사회적 기술에 미치는 영향. 아동가족치료연구, 9, 18-38.

[관련 영상]

1. EBS 클립뱅크 〈모습이 다른 친구〉

의사소통 8. 도와줘요! 고마워요!

배수현, 김광수(2013). 감사교육프로그램이 초등학생의 자아탄력성과 학습태도에 미치는 영향. 초등상담연구, 12(1), 49-67.

최윤정, 추병완(2015). 초등학생의 학교 유대감 증진을 위한 감사 연습 방안. 도덕윤리과교육, 48, 49-79.

학교폭력 9. 싫은 상황에 대처하기

김현정, 심혜원(2013). 초등학교 저학년을 위한 학교폭력 예방프로그램의 효과 연구. 교육과학연구, 44(3), 49-75.

[관련 영상]

1. 유튜브 〈아띠닷다송〉 (법무부 학교폭력 예방 캠페인 송)

문제해결　10. 갈등해결방법 알기

김진영(2007). 학령기 아동의 또래 간 갈등해결 교육의 효과. 국민대학교 대학원 박사학위논문.

내셔널 지오그래픽 협회(2012). 내셔널 지오그래픽 키즈: 개와 고양이. 서울: 삼성출판사.

서진(2009). 초등학교 저학년의 역할놀이를 통한 갈등해결 중심 학교폭력 예방 프로그램 개발. 한국교원
　　　대학교 교육대학원 석사학위논문.

송주연(2009). 갈등해결프로그램이 아동의 갈등해결 전략과 친구관계의 질에 미치는 영향. 전주교육대학
　　　교 교육대학원 석사학위논문.

이은혜(2008). 학급단위 사회적 문제해결기술 프로그램이 아동의 사회적 문제해결기술, 또래관계, 학교
　　　적응에 미치는 효과. 계명대학교 대학원 석사학위논문.

조은주(2005). 의사소통훈련 프로그램이 초등학생의 대인간 갈등해결방식 및 자기표현에 미치는 영향.
　　　한국교원대학교 교육대학원 석사학위논문.

[관련 영상]

1. EBS 클립뱅크 〈두근두근 학교에 가면: 갈등이야기 1〉

협력　11. 서로 힘을 모아

방소연(2015). 협동게임이 초등학교 저학년 아동의 또래관계와 공동체 의식에 미치는 영향. 한국초등교육,
　　　26(2), 337-354.

[관련 영상]

1. 유튜브 〈학교폭력예방 도미노 대회〉

3~4학년용

알아가기　1. 멋진 너, 빛나는 우리

신현숙, 류정희, 박주희, 이은정, 김선미, 배민영, 윤숙영, 강금주(2015). 중학생을 위한 사회정서학습 프로그
　　　램. 서울: 학지사.

[관련 영상]

1. EBS 〈두근두근 학교에 가면-우리들은 1학년 중 자기소개 시간〉

감정　2. 감정스토리

이순규(2015). 자기 감정코칭 프로그램이 초등학생의 학교 적응력에 미치는 영향. 청주교육대학교 교육
　　　대학원 석사학위논문.

[관련 영상]

1. 유튜브 〈다양한 감정 그림-한뫼초등학교 4학년 그림〉
2. EBS 다큐프라임 〈공부의 왕도-정서가 학습을 지속시킨다〉
3. EBS 지식채널e 〈감정의 시대〉

사고　　3. 생각, 감정의 짝꿍!

김태희(2011). 인지행동적 프로그램이 저소득 가정 학생의 우울 취약성 감소에 미치는 효과. 전남대학교 대학원 석사학위논문.

염승희(2010). 사회적 기술 훈련 집단프로그램이 다문화가정 아동의 심리사회적 적응에 미치는 효과. 전남대학교 대학원 석사학위논문.

[관련 영상]

1. 유튜브 동송초 3학년 학생 작품 – 〈좋은 생각이 났어, 니 생각〉

자기이해　　4. 강점 그래프

임재연(2013). 또래 괴롭힘 참여역할에 따른 긍정적 강점의 차이: 또래 괴롭힘 예방을 위한 피해방어자의 긍정적 강점. 한국학교사회복지학회지, 24, 131−151.

정진섭, 김은실(2015). 강점기반 자존감 향상 프로그램이 저소득 한부모 가정 아동의 자아존중감과 적응 유연성에 미치는 효과. 학습자중심교과교육학회지, 15(11), 509−532.

[관련 영상]

1. 유튜브 〈닉 부이치치 강연〉

자기이해　　5. 숨어 있는 나 찾기

요시타케 신스케(2015). 이게 정말 나일까? 경기: 주니어김영사.

윤홍균(2016). 자존감 수업. 심플라이프.

[관련 영상]

1. EBS 다큐프라임 〈다중지능〉

타인존중　　6. 달라서 좋아요

염승희(2010). 사회적 기술 훈련 집단프로그램이 다문화가정 아동의 심리사회적 적응에 미치는 효과. 전남대학교 대학원 석사학위논문.

윤소연(2013). 초등학교 고학년의 다문화 수용성 향상을 위한 집단상담 프로그램 개발. 한국교원대학교 대학원 석사학위논문.

[관련 영상]

1. 지식채널e 〈패러디-'틀리다'가 아니라 '다르다'〉

공감　　7. 마음을 알아주는 대화

임다혜(2015). D.I.E. 프로그램이 초등학교 3학년생의 공감 향상에 미치는 영향. 서울교육대학교 교육전문대학원 석사학위논문.

Rogers, C. R. (1975). Empathy: An unappreciated way of being. *The Counseling Psychologist, 5*, 2−10.

[관련 영상]

1. EBS 다큐프라임 〈아이의 사생활〉 1부 남과 여

2. 유튜브 교육의 모든 것 〈mini podcast_상대의 마음을 여는 경청 대화법〉

분노조절   8. 화를 숫자로 표현해 보아요

이미경, 홍상황(2007). 초등학생의 분노유발상황에 초점을 둔 인지행동적 분노조절 프로그램의 효과. 한
　　국심리학회지: 학교, 4(1), 1−22.

[관련 영상]

1. 유튜브 〈숫자송〉

스트레스   9. 스트레스 줄이는 행복부채

노지연(2007). Schilling의 정서지능 프로그램 적용이 초등학생의 정서지능과 사회적 유능감에 미치는 효
　　과. 대구교육대학교 교육대학원 석사학위논문.

장보원(2012). 방과후학교 체육활동 참여가 초등학생의 학업스트레스에 미치는 영향. 서울교육대학교 교
　　육대학원 석사학위논문.

[관련 영상]

1. skydrama 인앤아웃 12회 〈스트레스 팍팍! 날리는 화 푸는 운동〉
2. SBS 생활경제 〈김연아 스트레스 푸는 법〉

학교폭력   10. 폭력에 맞서요

정제영, 이승연, 오인수, 강태훈, 류성창(2013). 주변인 대상 학교폭력 예방교육 프로그램 개발 연구. 교육
　　과학연구, 44(2), 119−143.

Begun, R. W. (2002). 사회적 기술 향상 프로그램. 서울: 시그마프레스.

[관련 영상]

1. 교육부 학교폭력 예방교육 영상 〈난 상관없어〉

의사소통   11. 미안해

김광수(2007). 초등학생 정서지능 향상을 위한 정서교육 일 모형으로서 용서교육 프로그램 개발. 초등교
　　육연구, 20(3), 297−324.

이범수, 김명식(2009). 초등학생 용서 프로그램의 효과연구. 상담학연구, 10(3), 1683−1696.

[관련 영상]

1. 유튜브 키즈캐슬TV 〈친구야 미안해 사랑해〉

문제해결   12. 갈등해결방법 연습하기

김진영(2007). 학령기 아동의 또래 간 갈등해결 교육의 효과. 국민대학교 대학원 박사학위논문.

서진(2009). 초등학교 저학년의 역할놀이를 통한 갈등해결 중심 학교폭력 예방 프로그램 개발. 한국교원
　　대학교 교육대학원 석사학위논문.

송주연(2009). 갈등해결프로그램이 아동의 갈등해결 전략과 친구관계의 질에 미치는 영향. 전주교육대학
　　교 교육대학원 석사학위논문.

이은혜(2008). 학급단위 사회적 문제해결기술 프로그램이 아동의 사회적 문제해결기술, 또래관계, 학교
　　적응에 미치는 효과. 계명대학교 대학원 석사학위논문.

조은주(2005). 의사소통훈련 프로그램이 초등학생의 대인간 갈등해결방식 및 자기표현에 미치는 영향.

한국교원대학교 교육대학원 석사학위논문.

협력 **13. SEL Day**

최미영(2017). 구조 중심 협동학습을 적용한 초등학교 음악교과 사회정서학습 프로그램의 개발. 음악교육
연구, 46(2), 157-178.

[관련 영상]

1. 유튜브 〈2015 삼숭초 5학년 4반 네모의 꿈〉
2. 유튜브 〈싹트네〉

5~6학년용

알아가기 **1. 나, 너, 우리의 사회정서학습**

신현숙, 류정희, 박주희, 이은정, 김선미, 배민영, 윤숙영, 강금주(2015). 중학생을 위한 사회정서학습 프로그
램. 서울: 학지사.

감정 **2. 사춘기의 감정**

박현진(2012). 사춘기 초기 아동이 지각한 가족건강성이 학교생활적응에 미치는 영향: 정서지능의 매개
효과. 총신대학교 사회복지대학원 석사학위논문.

황수지(2017). 긍정적 자기표현을 위한 인간중심 미술치료 단일사례연구: 사춘기 아동을 대상으로. 한양
대학교 교육대학원 석사학위논문.

[관련 영상]

1. EBS 다큐프라임 10대 성장보고서 2부 〈이상한 봄 사춘기〉
2. 영화 〈인사이드 아웃〉
3. 세바시 306회 〈아이의 사춘기를 대비하는 힘〉 김영훈

사고 **3. 생각이 감정을 바꿀 수 있어요**

김태희(2011). 인지행동적 프로그램이 저소득 가정 학생의 우울 취약성 감소에 미치는 효과. 전남대학교
대학원 석사학위논문.

염승희(2010). 사회적 기술 훈련 집단프로그램이 다문화가정 아동의 심리사회적 적응에 미치는 효과. 전
남대학교 대학원 석사학위논문.

[관련 자료]

1. 유튜브 〈참 좋은 이야기 #16_인디언 추장의 지혜〉

자기이해 **4. 강점 명함**

이현주, 유형근, 조용선(2011). 초등학생의 주관적 안녕감 증진을 위한 강점 기반 집단상담 프로그램 개
발. 상담학연구, 12(2), 467-488.

임재연(2013). 또래 괴롭힘 참여역할에 따른 긍정적 강점의 차이: 또래 괴롭힘 예방을 위한 피해방어자의

긍정적 강점. 한국학교사회복지학회지, 24, 131-151.

정진섭, 김은실(2015). 강점기반 자존감 향상 프로그램이 저소득 한부모 가정 아동의 자아존중감과 적응 유연성에 미치는 효과. 학습자중심교과교육학회지, 15(11), 509-532.

[관련 영상]

1. 세바시 YOU 〈습관성 장점 찾기〉

자기이해　**5. 나 사용설명서**

이토미쿠(2015). 엄마 사용설명서. 서울: 우리교육.

서준호(2013). 서준호 선생님의 마음 흔들기. 서울: 지식프레임.

서준호(2015). 서준호 선생님의 학교 흔들기. 서울: 지식프레임.

타인존중　**6. 차별이 뭐예요**

송영라, 방기혁(2015). 초등학교 다문화 이해교육을 위한 창의적 체험활동 프로그램의 개발 및 효과분석. 실과교육연구, 21(3), 95-114.

염승희(2010). 사회적 기술 훈련 집단프로그램이 다문화가정 아동의 심리사회적 적응에 미치는 효과. 전남대학교 대학원 석사학위논문.

윤소연(2013). 초등학교 고학년의 다문화 수용성 향상을 위한 집단상담 프로그램 개발. 한국교원대학교 교육대학원 석사학위논문.

[관련 영상]

1. 유니세프 비교실험 〈복장에 따른 차별 실태〉

공감　**7. 상대방의 마음을 알아주는 대화**

권헌숙(2015). 초등학생용 감정카드와 바람카드 개발 및 공감능력증진 프로그램 개발과 효과 분석. 대구대학교 대학원 박사학위논문.

Borba, J. (2003). California's newest wave of education reform: A missed opportunity to rethink instructional support resource allocation to low-performing schools. *Educational Research Quarterly, 27*(1), 40-44.

Carkhuff, R. R., & Truax, C. B. (1967). Training in counseling and psychotherapy: An evaluation of an integrated didactic and experiential approach. *Journal of Counseling Psychology, 29*, 333-336.

[관련 영상]

1. 유튜브 흔한남매 〈너무 공감돼서 무서운 이야기〉
2. 유튜브 방송대학 TV 청소년과 부모 13강 〈공감적 이해의 수준〉

분노조절　**8. 화를 진정시키는 방법**

김관우(2011). 공격성 감소를 위한 집단상담의 효과에 대한 메타분석. 광주교육대학교 교육대학원 석사학위논문.

이은아, 천성문(2013). 초등학생용 공격성 척도 개발 및 타당화. 한국심리학회지: 상담 및 심리치료, 25(3), 477-495.

Cornelia Spelman(2015). 화가 날 땐 어떡하지? [*When I feel angry*]. (마술연필 옮김). 서울: 보물창고.

[관련 영상]

1. EBS 다큐프라임 〈당신이 화내는 진짜 이유?〉 3부

스트레스 **9. 스트레스의 또 다른 의미**

소연희(2013). 초등학생들의 학업적 정서조절이 학업스트레스와 인식론적 신념 및 학습몰입에 미치는 영
　　　향: 4학년과 6학년 비교. 아동교육, 22(3), 139-154.
신현심, 정종진(2006). 인지-행동적 학업스트레스 대처훈련이 초등학생의 학업스트레스와 시험불안에 미
　　　치는 효과. 발달장애연구, 10(1), 73-87.

[관련 영상]

1. SBS뉴스 〈적당한 스트레스는 뇌 자극제〉
2. 세바시 674회 〈스트레스를 디자인하라〉 정선희
3. TED 〈스트레스를 친구로 만드는 법〉 켈리 맥고니걸
4. 네이버 TV 〈아띠 실험-마그누스 효과를 이용한 종이컵 비행기 날리기〉
5. EBS 다큐프라임 공부 못하는 아이

학교폭력 **10. 나의 품격, 말**

김나현(2010). 초등학교 고학년의 언어폭력 예방을 위한 의사소통훈련 프로그램 개발. 한국교원대학교
　　　교육대학원 석사학위논문.

[관련 영상 및 자료]

1. 네이버 TV 〈마음의 멍, 언어폭력〉
2. 다음 블로그 〈서준호 선생님의 '마음 흔들기'〉

의사소통 **11. 거짓말로 쌓은 성**

박혜숙(2011). 거짓말을 왜 할까요? 서울: 한림출판사.
정신영, 한용진(2017). 거짓말에 대한 교육적 고찰: 학생 거짓말에 대한 교사의 자기 성찰에 관하여. 교육
　　　철학, 39(2), 131-151.

[관련 영상]

1. 유튜브 경기콘텐츠진흥원 〈비누방울, bubble〉

문제해결 **12. 갈등해결방법 적용하기**

김진영(2007). 학령기 아동의 또래 간 갈등해결 교육의 효과. 국민대학교 대학원 박사학위논문.
서진(2009). 초등학교 저학년의 역할놀이를 통한 갈등해결 중심 학교폭력 예방 프로그램 개발. 한국교원
　　　대학교 교육대학원 석사학위논문.
송주연(2009). 갈등해결프로그램이 아동의 갈등해결 전략과 친구관계의 질에 미치는 영향. 전주교육대학
　　　교 교육대학원 석사학위논문.
이은혜(2008). 학급단위 사회적 문제해결기술 프로그램이 아동의 사회적 문제해결기술, 또래관계, 학교
　　　적응에 미치는 효과. 계명대학교 대학원 석사학위논문.
조은주(2005). 의사소통훈련 프로그램이 초등학생의 대인간 갈등해결방식 및 자기표현에 미치는 영향.

한국교원대학교 교육대학원 석사학위논문.

협력   **13. SEL Day**

박수경(2006). 집단보상과 협동기술훈련이 초등학생의 과학성취도와 학습동기에 미치는 효과. 한국지구과
    학학회지, 27(2), 121−129.

[관련 영상]

1. 유튜브 〈협동! 단결!의 힘〉

저자 소개

신현숙 (Shin Hyeonsook)
전남대학교 교육학과 교수
University of Minnesota Ph.D. (학교심리학 전공)

김선미 (Kim Sunmi)
동강대학교 유아교육과 교수
전남대학교 대학원 교육학과 교육학박사 (학교심리학 전공)

류정희 (Lyu Jeonghee)
광주대학교 청소년상담평생교육학과 교수
전남대학교 대학원 교육학과 교육학박사 (학교심리학 전공)

박주희 (Park Juhee)
광주 건국초등학교 교사
전남대학교 대학원 교육학과 교육학박사 (학교심리학 전공)

배민영 (Bae Minyoung)
전남 화순제일초등학교 교사
전남대학교 대학원 교육학과 교육학박사 (학교심리학 전공)

이은정 (Lee Eunjeong)
광주 대성초등학교 교사
전남대학교 대학원 교육학과 교육학박사 (학교심리학 전공)

강금주 (Kang Keumjoo)
광주 운리초등학교 교사
전남대학교 대학원 교육학과 교육학박사 (학교심리학 전공)

초등학생을 위한
사회정서학습 프로그램
A Social and Emotional Learning Program
for Elementary School Students

2019년   3월   5일   1판   1쇄 발행
2024년   9월 25일   1판   5쇄 발행

지은이 • 신현숙 · 김선미 · 류정희 · 박주희 · 배민영 · 이은정 · 강금주
펴낸이 • 김 진 환
펴낸곳 • (주) **학지사**

04031 서울특별시 마포구 양화로 15길 20 마인드월드빌딩 5층

대표전화 • 02) 330-5114   팩스 • 02) 324-2345

등록번호 • 제313-2006-000265호

홈페이지 • http://www.hakjisa.co.kr
인스타그램 • https://www.instagram.com/hakjisabook

ISBN 978-89-997-1756-7   93370

정가 18,000원

저자와의 협약으로 인지는 생략합니다.
파본은 구입처에서 교환하여 드립니다.

이 책을 무단으로 전재하거나 복제할 경우 저작권법에 따라 처벌을 받게 됩니다.

출판미디어기업 학지사

간호보건의학출판 **학지사메디컬** www.hakjisamd.co.kr
심리검사연구소 **인싸이트** www.inpsyt.co.kr
학술논문서비스 **뉴논문** www.newnonmun.com
원격교육연수원 **카운피아** www.counpia.com
대학교재전자책플랫폼 **캠퍼스북** www.campusbook.co.kr